THE EVERYTHING

LARGE-PRINT
WORD SEARCH BOOK

VOLUME 7

Dear Reader,

Turn your spare time into quality time. That's what this book can do. Word search puzzles are perfect for those times when you're waiting for an appointment or need to take a break. These puzzles are quick and fun, never overbearing or boring. They're a nice way to exercise our brains and keep them sharp. Stress melts away as we focus on the absorbing challenge of finding the words.

It was a pleasure creating this book for you. I had fun dreaming up a theme for each puzzle. There is a wide range of topics—hopefully you will find them entertaining. I learned some new words as I made these puzzles. Perhaps your vocabulary will also be expanded. As you can see, we printed this book in large letters. This makes the solving more pleasant. No eyestrain required!

So keep this book handy. It's a great way to fill an extra moment or two. Happy searching!

Charles Timmerman

Welcome to the EVERYTHING® Series!

These handy, accessible books give you all you need to tackle a difficult project, gain a new hobby, comprehend a fascinating topic, prepare for an exam, or even brush up on something you learned back in school but have since forgotten.

You can choose to read an Everything® book from cover to cover or just pick out the information you want from our four useful boxes: e-questions, e-facts, e-alerts, and e-ssentials. We give you everything you need to know on the subject, but throw in a lot of fun stuff along the way, too.

We now have more than 400 Everything® books in print, spanning such wide-ranging categories as weddings, pregnancy, cooking, music instruction, foreign language, crafts, pets, New Age, and so much more. When you're done reading them all, you can finally say you know Everything®!

PUBLISHER Karen Cooper

MANAGING EDITOR, EVERYTHING® SERIES Lisa Laing

COPY CHIEF Casey Ebert

ASSOCIATE PRODUCTION EDITOR Mary Beth Dolan

ACQUISITIONS EDITOR Lisa Laing

EVERYTHING® SERIES COVER DESIGNER Erin Alexander

LAYOUT DESIGNERS Erin Dawson, Michelle Roy Kelly, Elisabeth Lariviere

Visit the entire Everything® series at *www.everything.com*

THE
EVERYTHING®
LARGE-PRINT
WORD SEARCH
BOOK
VOLUME 7

Classic word search
puzzles in large print

Charles Timmerman
Founder of Funster.com

Adams Media
New York London Toronto Sydney New Delhi

Aadamsmedia

Adams Media
An Imprint of Simon & Schuster, Inc.
100 Technology Center Drive
Stoughton, MA 020722

For information about special discounts for bulk purchases,
please contact Simon & Schuster Special Sales at 1-866-506-1949 or
business@simonandschuster.com.

The Simon & Schuster Speakers Bureau can bring authors to your
live event. For more information or to book an event contact the Simon
& Schuster Speakers Bureau at 1-866-248-3049 or visit our website at
www.simonspeakers.com.

Manufactured in the United States of America

17 2023

ISBN 978-1-4405-6681-3

Dedicated to Suzanne, Calla, and Meryl.

Acknowledgments

I would like to thank each and every one of the more than half a million people who have visited my website, *www.funster.com*, to play word games and puzzles. You have shown me how much fun puzzles can be and how addictive they can become!

It is a pleasure to acknowledge the folks at Adams Media who made this book possible. I particularly want to thank my editor, Lisa Laing, for so skillfully managing the many projects we have worked on together.

Contents

Contents

Introduction

The puzzles in this book are in the traditional word search format. Words in the list are hidden in the puzzle in any direction: up, down, forward, backward, or diagonal. The words are always found in a straight line and letters are never skipped. Words can overlap. For example, the two letters at the end of the word "MAST" could be used as the start of the word "STERN." Only uppercased letters are used, and any spaces in an entry are removed. For example, "TROPICAL FISH" would be found in the puzzle as "TROPICALFISH." Apostrophes and hyphens are also omitted in the puzzles. Draw a circle around each word that you find. Then cross the word off the list so that you will always know which words remain to be found.

A favorite strategy is to look for the first letter in a word, then see if the second letter is in any of the neighboring letters, and so on until the word is found. Or instead of searching for the first letter in a word, it is sometimes easier to look for letters that stand out, like *Q*, *U*, *X*, and *Z*. Double letters in a word will also stand out and be easier to find. Another strategy is to simply scan each row, column, and diagonal looking for any words.

Puzzles

ACTIVE	LIVELY
BABIES	LOVING
BARK	MESSY
BREED	ORNERY
CHEW	PLUMP
CLUMSY	ROLL
COLLAR	RUN
CUDDLY	SILLY
CUTE	SLEEPY
DOGS	SMALL
ENERGY	SOFT
FETCH	SWEET
FLUFFY	TEETH
FUN	TOYS
HAPPY	TRAIN
HUNGRY	WARM
JUMP	YIP
KENNEL	YOUNG
KISSES	
LEASH	
LICKS	
LITTER	

Puppies

```
A O L R M B M T W F T F O S
W B I T V Y P P A H C T E F
O F S T O Y S I L L Y S Q Q
D Y L D D U C P Y S S E M F
O W G N I V O L M I T J L J
G Y L E V I L U K P M U L P
S U A M C K L Z W E F U R F
K E V I T C A A K F N Q U H
C V I E N E R G Y R G N U H
I I E B N M N D R L F W E S
L T H P A U B W E H C T P L
H L R L O B R A N E U R I E
O L A Y P S S I R C R T Y E
T O F M K H A K O L T B Q P
A R U I S R M T E E W S V Y
M J V H T T B A R K N N W X
```

Solution on Page 300

ADORABLE	LOVELY
ALLURE	MAIDEN
ARTISTIC	MAKEUP
BEAMING	MIRROR
BEEFCAKE	MODEL
BLUSH	NEAT
BRIDE	PAGEANT
CATWALK	PALETTE
CHIC	POSE
CLASS	PRETTY
CLEAN	PURE
DOLL	RUNWAY
DRESS	SALON
ELEGANT	SLEEK
EYES	SMART
FACE	SMILE
FAIR	SOFT
FASHION	SUBLIME
FORM	
GLAMOUR	
GORGEOUS	
GRACE	

```
Y E T R A M S M A I D E N T
E T D N S L I L R B G O P Q
S T T I E U L R C U I M U D
O E F E R U O B R H N S E R
P L K O R B H E S O I W K P
U A G E S P M A G F R C A T
R P G L Y T F M A R U D M Y
E Y L E V O L I E A O W R J
S B L G A Q R N C R M G O T
S G O A G N Z G A T A H F N
E S D N E A T B R I L S H O
R C A T W A L K G S G U F L
D S L L L E D O M T H L Z A
A T E E C A F E M I L B U S
E O B Y A S E K A C F E E B
S M I L E N V T P F D H R Z
```

Solution on Page 300

ANTIQUE

ART

BASKET

BLANKET

BOOTH

BROWSE

BUY

CLOTHING

COLLECT

CRAFTS

CROWD

DEALS

EATING

EVENTS

EXPLORE

FAMILY

FOOD

FUN

HAGGLE

HANDMADE

JEWELRY

JUNK

NEW

OUTDOORS

PRICE

RETRO

SALES

SELL

SHOP

SIT

STALL

STROLL

TOYS

TRADE

UNIQUE

USED

VAN

VENDOR

VINTAGE

WALK

```
C L K S Z M J U F B Y Y U B
R G L L T E O E R L O U R H
W T P A W N L J O D W O R C
H S R E T G E L D R W A T L
D T L D G S U V N S T F L H
L R W A B A S K E T I E T K
Y O H M D T T U V O S V R Q
T L F D E F U N U Q M T A L
U L A N S A N T I Q U E D N
X N M A U A D T Y V E K E H
G N I H T O L C E X C N E W
N X L Q O J O E P T I A Z T
I D Y R U B P L S N R L E D
T R S N I E O L L T P B O Z
A M K B M R H O N S Y O T P
E E H Y E B S C R A F T S D
```

Solution on Page 300

ACORN

BAMBOO

BATS

CHARM

CLOVER

COIN

CRICKETS

DICE

DOG

DRAGONS

ELEPHANTS

EYELASH

FEATHER

FOUNTAIN

HEIRLOOMS

HORSESHOE

IRISH

JERSEY

KEEPSAKES

KISS

NUMBER

PENNY

RAINBOW

SCARABS

SEVEN

SHIRT

SOCKS

STAR

STONE

SUPERSTITION

TIGERS

TOKEN

TORTOISES

TROLL

TURTLE

UNDERWEAR

UNICORN

WELL

WINNER

WISHBONE

Lucky Things

```
W C G D I C E L T R U T N L
O O B M A B R H S I R I L I
B C R I C K E T S Q G O O Y
N G U N D E R W E A R E N N
I T O K E N P I K T O N R F
A X Q D Y C J N A H E O C S
R E H T A E F N S P C B O E
S F S E S S S E P A N H I V
N O I T I T S R E P U S N E
O U S R A R N I E S M I R N
G N O I O R L A K J B W O O
A T C H A R M O H C E E C T
R A K S T A B G O P R L I S
D I S C A R A B S M E L N N
A N T O R T O I S E S L U Q
C L O V E R H S A L E Y E T
```

Solution on Page 300

ABILITY	MANAGER
ACTION	MENTOR
AUTHORITY	PEOPLE
BOSS	PLAN
BUSINESS	POLITICS
CAPTAIN	POSITION
CEO	POWER
CHARISMA	RESPECT
CHIEF	ROLE
COACH	STATUS
COMMAND	STRENGTH
COURAGE	STRONG
DECISIONS	STYLE
DIRECTOR	TEAM
FEEDBACK	TRAITS
FOLLOW	TRUST
GOAL	VALUES
GROUP	VISION
GUIDE	
HEAD	
KING	
LEADER	

```
T P U O R G L S Y M N E D T
R R R E S P E C T O S Q N L
N E A C T I O N I A T P A C
A E W I V S D T L M R C M O
L L H O T V I S I A O H M U
P P U Y P S R C B E N A O R
W O L L O F E I A T G R C A
V E B P G S C T D R N I O G
A P X U U N T I A U I S A E
L K I T S O O L E S K M C M
U D A Y T I R O H T U A H A
E T K G J S N P R O T N E M
S N O I S I V E R E D A E L
E F E I H C B O S S V G L A
D H T G N E R T S S C E O O
X K C A B D E E F K K R R G
```

Solution on Page 301

ASSESSMENTS

BOOKS

CALENDAR

COFFEE

COLLEGE

CONCENTRATE

CONSTANT

CRAM

EAT

ENERGY

GROUP

GUIDE

HOMEWORK

INTERNET

LECTURES

LIBRARY

MEMORIZE

METHOD

MNEMONICS

OUTLINE

PRACTICE

PREPARE

PRETEST

QUIZ

RECALL

REMEMBER

REVIEWS

SCHEDULE

SCHOOL

SLEEP

SNACKS

SOFT MUSIC

STRATEGY

STUDY

TAPES

TASK LIST

TUTOR

VISUAL

```
P M E T H O D B O O K S T E
S E Y G Y R S W E I V E R U
C M E L U G H E C S T U D Y
H O O L A H E O R O T U T R
E R N U S O F T M U S I C A
D I T C S F R G A E T F E R
U Z E A E K S E R R W C N B
L E N E S N C E C O T O E I
E G R D S K T A P A U S R L
N E E I M A L R N A L P G K
I L T U E E A I A S T L Y S
L L N G N C O N S T A N T C
T O I D T J T S E T E R P H
U C A I S C I N O M E N M O
O R C V I S U A L Z I U Q O
R E B M E M E R A P E R P L
```

Solution on Page 301

ALBUMS

ANTIQUES

BEAMS

BOXES

BUGS

CARDBOARD

CHEST

CLOTHES

COBWEBS

DARK

DRESSER

DUST

FURNITURE

GARMENTS

GHOSTS

HEAT

HEIRLOOMS

HISTORY

INSECTS

INSULATION

JUNK

LADDER

LOFT

LUGGAGE

MEMORIES

MILDEW

MOTHBALLS

MOUSETRAP

RAFTERS

RECORDS

SKELETONS

SQUIRRELS

STORAGE

SUITCASE

TOYS

TREASURES

TRUNK

WINDOW

Storage Area

```
T O Y S B E W B O C H E S T
M K L U S O G A R M E N T S
S Q U I R R E L S I L O F T
E W G T E S M O O L R I E H
U O G C T F A B P D B T C S
Q D A A F U M U S E Y A L D
I N G S A R O G M W R L O R
T I E E R N T S U D O U T O
N W G I K I H N B R T S H C
A M A R N T B O L E S N E E
B G R O U U A T A S I I S R
O H O M J R L E Q S H R M E
X O T E D E L L H E K R A D
E S S M O U S E T R A P E D
S T C E S N I K N U R T B A
C S G S E R U S A E R T M L
```

Solution on Page 301

PUZZLES • 25

BLENDER	OVEN
BOWL	PEPPERMILL
BROILER	PIE TIN
BURNER	POTS
CAN OPENER	SAUCEPAN
CHEESECLOTH	SCALE
CHOPPER	SERVER
CLEAVER	SHEARS
COFFEEMAKER	SKILLET
COLANDER	SPATULA
CORKSCREW	SPOON
CUP	STRAINER
FORK	THERMOMETER
FRYING PAN	TIMER
GRATER	TOASTER
GRILL	UTENSIL
KNIFE	WHISK
LADLE	
MASHER	
MEASURE	
MICROWAVE	
MIXER	

Food Prep Items

```
X L W O B K U R E D N E L B
S H E A R S T E L L I K S T
L L T C O I L N I T E I P I
L L O O I H I I C H L H N M
I I A L L W S A O E D K A E
R M S A E C N R F R A B P R
G R T N R O E T F M L C E E
R E E D P O T S E O G O C L
A P R E N R U B E M R R U A
T P N R E H S A M E C K A C
E E S P A T U L A T H S S S
R P U C E F I N K E O C E P
M I C R O W A V E R P R R O
M N A P G N I Y R F P E V O
R E X I M E A S U R E W E N
O V E N C L E A V E R Y R C
```

Solution on Page 301

ARM

ASCENT

ASTRONAUT

BLAST

BOOSTER

COCKPIT

COLUMBIA

CONTROLS

COUNTDOWN

CREW

DETACH

DISCOVERY

ENGINE

EXTERNAL

FIRE

FLIGHT

GRAVITY

HOUSTON

ICE

IGNITION

KENNEDY

LAND

LAUNCH

METEOR

MISSION

MODULE

NASA

NOSE

ORBIT

OXYGEN

PAYLOAD

PROBES

ROCKET

SCIENCE

SHIELD

SPACE

TAIL

TANKS

THRUST

WINGS

```
T A N K S D N A L A U N C H
D L E I H S I M E T E O R E
W T G A S T R O N A U T N C
I I Y D E N N E K N P I O A
N B X A X Y V C T A G C I P
G R O O T B T D O N S B T S
S O Z L E M O I E C M A I K
E C I Y R W V S V U K J N H
R K B A N E H C L A F P G C
T E E P A C O O O M R I I A
P T L T L N C V U I G G R T
R H U H T E R E T S O O B E
O G D R S I E R A S T X S D
B I O U A C W Y I I T O N F
E L M S L S N V L O N Z N G
S F L T B A S C E N T X F I
```

Solution on Page 302

ACOUSTIC

AIR

ALARM

AMPLITUDE

BOOM

BUZZ

CLAP

CRASH

DECIBEL

DIN

EAR

ECHO

ENERGY

FREQUENCY

INTENSITY

LEVEL

LISTEN

LOW

MUSIC

NOISE

PHYSICS

PIANO

PITCH

PRESSURE

RING

SENSE

SILENCE

SINGING

SOFT

SONG

STATIC

STEREO

TALKING

THUNDER

TONE

TRANSMIT

VOICE

VOLUME

WAVE

YELLING

```
Y A J E S I O N K Y J F E K
C W H C T I P R C I S U M V
N A H O A C O U S T I C N M
E V N G T P T W N N N P O N
U E Q N I R R V T T G G E G
Q V O I C E A E A R I O R Y
E Y Z K Z S N T H U N D E R
R D Z L S S S O E A G L T I
F I U A I U M R I C L P S A
L N B T D R I P N I H A Z Q
O E Y T I E T H N Y J O R K
W R V S N L C G S E N S E M
R I O E P P P I P A T O O O
N N R F L A C M B D R S S O
G G T F O S L C A E G C I B
Y V O L U M E C N E L I S L
```

Solution on Page 302

ARROWS	GAMES
BALLOONS	GARLAND
BE MINE	GIFT
BOUQUETS	HEART
CAKE	HUGS
CANDY	KISSES
CARDS	LOVE
CHOCOLATE	NAPKINS
CONFETTI	PINK
COOKIE	PLATES
CRUSHES	PRIZES
CUPS	RED
DOILIES	RIBBON
EXCHANGE	ROMANCE
FAMILY	ROSES
FAVORS	SPOONS
FESTIVE	SWEETS
FLOWERS	WHITE
FOOD	
FORKS	
FRIEND	
FUN	

Solution on Page

```
P B C U P S R E W O L F D S
H M O S W E E T S K A O S R
U R N U J H N A P K I N S O
G I F T Q S E T A L P Y D V
S X E E A U B R I B B O N A
D O T K H R E E V I T S E F
T K T A D C S T M R L T I A
P M I C N A C A S I I R R M
L I M O A R L L Y H N A F I
P E N O L D E O W D R E D L
D V S K R S C C F U N H O Y
Z O P I A S N O O L L A B F
Y L O E G N A H C X E H C O
N Y O F B Z M C X S E S O R
Q X N A R R O W S E S S I K
V M S E Z I R P K G A M E S
```

Solution on Page 302

AIDE

BILL

BUDGET

CAPITOL

CAUCUS

CHAMBER

CHECKS

CHIEF

COUNT

DEFICIT

DISTRICT

ELECTION

ENACT

FEDERAL

FLOOR

HEARING

HOPPER

HOUSE

IMMUNITY

JOINT

LAW

LOBBY

MAJORITY

MEETING

MEMBERS

MINORITY

MOTION

OFFICERS

PETITION

POWER

RECESS

SESSION

SPEAKER

STATES

TABLE

TALLY

TERM

VETO

VOTE

WHIP

```
R R O O L F F U C A U C U S
E F S P E A K E R X M A V T
C H E C K S R I H O P P E R
E M R E W O P E T I T I O N
S E S S I O N I D C V T H L
S E G E S U O H I E T O V O
W T N N P N B R C C F L K B
H I I A N Y T I N U M M I B
I N R C O S S E L B A T S Y
P G A T I S S R R L J N T L
L C E D T F R A E M O I A L
D O H T C F E I H C R O T A
B U D G E T B D P O I J E T
E N N Y L V M E N B T F S G
H T U A E A E I T W Y X F E
N J W R E B M A H C V E T O
```

Solution on Page 302

ADORE

BOND

BOYFRIEND

CANDLES

CHARM

CHERISHED

COURT

DANCING

DATE

DEVOTION

DIAMONDS

DINING

DOTING

DOVES

EMBRACE

EMOTIONS

ENAMORED

FEELINGS

FLIRT

FLOWERS

GIFTS

HEARTS

HUG

INTRIGUE

KISS

LOVE

MUSIC

PASSION

POEMS

PROPOSE

ROSES

SERENADE

SMILES

STARS

TOUCH

TRAVEL

UNITED

WINE

WOO

YEARNING

```
E P M Q Z Z K I S S R A T S
T R U D G N I T O D O V E S
A O S I F L O W E R S S M G
D P I N N R D I A M O N D S
A O C I D T K S T R A E H E
N S D N E I R F Y O B R B R
C E T G H F L I R T V D O E
I P A S S I O N G E L E N N
N S N O I T O M E U R R D A
G N I N R A E Y S M E O P D
P L O V E C A R B M E M D E
T O U C H Q S E L D N A C A
M R A H C U Z D E T I N U W
S E L I M S G N I L E E F H
E N I W O O L E V A R T Y X
X U M C O U R T S T F I G R
```

Solution on Page 303

ANCIENT

BIRDS

BONES

CARNIVORE

CAVE

CREATURES

DIG

DRAWINGS

DWELLING

EVIDENCE

EVOLVED

EXTINCT

FIRE

FOSSIL

GATHERER

HERBIVORE

HUNTER

ICE

IRON AGE

LIFESTYLE

MAMMOTH

MASTODON

NATIVES

OMNIVORE

PREDATORS

PRIMITIVE

RAPTOR

REPTILES

SANDAL

SITE

SKELETON

SPEARS

STONE AGE

SURVIVAL

TEETH

TRAP

TRIBES

VOLCANO

```
A P T M H T N E I C N A F X
S U R V I V A L A Q L W I R
P I I I Z H E R B I V O R E
E R B N M G N S H U N T E R
A O E O L I F E S T Y L E E
R N S D V F T V B O N E S H
S A E O Z O H I W E G I D T
E G R T L S K T V A D O G A
L E U S A S G A E E R M N G
I P T A D I C N V E O N I H
T A A M N L O L I B T I L T
P R E D A T O R S W P V L O
E T R E S V S I T E A O E M
R E C N E D I V E P R R W M
B I R D S T C N I T X E D A
V O L C A N O T E L E K S M
```

Solution on Page 303

ADS	PUBLIC
BLOG	QUICK
BROWSE	ROUTER
CHAT	SCREEN
CODE	SEARCH
COOKIE	SERVER
DATA	SHOP
DOMAIN	SITE
E MAIL	SOCIAL
EMBED	SPAM
ENTER	SPEED
FAST	STREAM
FLASH	URL
GAMES	USERS
GLOBAL	VIDEO
IMAGES	VIEW
JAVA	WEB
LINKS	WORK
MEDIA	
MUSIC	
NEWS	
PLAY	

```
I G N F E D O C H A T U X O
U X O H B S K C I U Q Q J Y
F T E L S D R X S E N T E R
U S D N B A G E M A I L R U
Z A I D E M L B V P A W E B
A F V S O A E F S R E S U C
L Y Q M C D J D L I E H A I
V J A P A R E S V A R S J M
K G A L B E E R K M I U A A
L W T V P M R E G N U C J G
S G Y S A A C T N N I S O E
D J W G J L I U S I I L I S
R E O S A G L O B A L K E C
N T R P H S B R O M O Y X X
Z I K A A O U B R O W S E U
G S X M L K P X C D A T A D
```

Solution on Page 303

ATTACK	PRATTLE
BABBLE	PRIVATE
BLAB	REPORT
BUZZ	RUMOR
CHATTY	SCANDAL
COLUMN	SECRET
DIRT	SLANDER
DISCUSS	SOCIAL
EARFUL	SOURCE
FALSE	SPREAD
FRIENDS	STORY
GAB	TABLOID
HEARSAY	TALK
HURTFUL	TATTLE
IDLE	TRUE
INJURY	UNKIND
INTIMATE	VICIOUS
JUICY	WHISPER
LIES	
MEAN	
NEWS	
PHONE	

Solution on

```
B P R W C J R E D Z M H S L
W A T H K O N O I Z J W U X
G T E I I O L Y R U J N I E
R G R S H T X U T B A G S Y
Z R C P U R F A M T N L D R
P F E E R O R E D N A L S O
R E S R T P I S U F E H P T
A L B S F E E C O R M T C S
T T K A U R N U I U T A P S
T T H L L C D P N V R R O K
L A E B A B S R J K E C C L
E T A M I T N I W A I A E S
L S R O M U R V D A T N E O
D W S C A N D A L T E I D E
I E A R F U L T A B L O I D
N N Y C I U J E L B B A B I
```

Solution on Page 303

ART

BATIK

BEADS

BRACELETS

BUTTONS

CANDLES

CERAMIC

CLAY

CLOTH

COLOR

CRAYONS

CREATE

CROCHET

DOVETAIL

DRAWING

EMBROIDER

FABRIC

FUN

GLITTER

GLUE

KNITTING

LAMINATE

ORIGAMI

ORNAMENTS

PAINT

PAPER

PENCIL

POTTERY

PROJECT

PUZZLE

QUILT

RIBBONS

SCISSORS

SEW

STAIN

STENCILS

STRING

TAPE

WEFT

WREATHS

Crafty

Solution on Page 304

ARBITER

ATHLETES

AUTHORITY

BASEBALL

BASKETBALL

BOXING

CALL

CARD

COACHES

DECISIONS

DISCIPLINE

EJECTION

ENFORCE

FAIR

FAULT

FIELD

FINAL

FLAG

FOOTBALL

HOCKEY

JUDGE

LINESMAN

NEUTRAL

OFFICIAL

ORDER

PENALTY

PLAY

SOCCER

SOFTBALL

STRIPES

SUSPEND

TEAM

TENNIS

UNBIASED

UNION

WARNINGS

WHITE

YELLOW

```
T S O F T B A L L D L B Z M
E S G N I N R A W I A U L H
N D E C I S I O N S U N L O
N G L L A C T E K C T I A C
I N E L I E S E F I H O B K
S I F F A M T I I P O N E E
E X F M A B N W E L R R S Y
P O A N A A H X L I I E A U
I B U L L I Q A D N T T B F
R L L F T S B N O E Y I S L
T O T E O T E I L A Y B Q A
S R X C O P T H L R E R G R
C D C O S C T P C I L A T T
A E F U E A P E N A L T Y U
R R S J U D G E N F O R C E
D D E S A I B N U W W C Y N
```

Solution on Page 304

AFTERLIFE	NIGHT
BOO	ORB
CASPER	PEOPLE
CHAINS	PHANTOM
COLD	RAP
DEAD	REAL
DECEASED	RESTLESS
DEPARTED	RETURN
ENERGY	SENSE
EVIL	SHADOW
FEAR	SHEET
FRIENDLY	SOUL
FRIGHT	SPIRIT
HAUNT	SPOOK
HOUSE	VISIBLE
HUNTING	WHITE
INHABIT	WIND
LEGENDS	WITCH
MAGIC	
MEDIUM	
MOVIE	
MYTH	

Solution on Page

```
A J Q P C V I S I B L E R A
Q O J I I D W O D A H S M E
W I N D N S L O K N R D O S
I M P K H S H O U S E J V E
O E H U A E Y B C C P G I V
S S A B B L I L E H S T E I
P N N F I T W A D D A E D L
O E T T T S S X B N C I E U
O S O Y D E T R A P E D N O
K M M P D R R R T I R I P S
O M T R L V Z L E X E O R B
O W E F A E G N I T N U H F
U I E D L E E T I F U D A W
V T H G I R F H L A E R U R
P C S C G U W I T H G I N R
M H T Y M L M A G I C A T F
```

Solution on Page 304

ALLERGY

ANTIBIOTIC

APPOINTMENT

BANDAGE

BLEEDING

BLOOD TEST

BROKEN BONE

CAST

CHART

CHECKUP

COLD

COTTON BALLS

DIZZY

DRY COUGH

EXAM

FLU

HEART

HIVES

HOSPITAL

INSURANCE

MAGAZINES

MEDICINE

NURSE

PATHOLOGY

PATIENT

PREGNANT

SCALE

SICK

STETHOSCOPE

STITCHES

TEMPERATURE

TRAUMA

TREATMENT

VIRUS

WHITE COAT

```
W B T N A N G E R P M A X E
E L A C S P U K C E H C W O
H O S P I T A L T R A E H P
C O T T O N B A L L S P I A
I D N R T R E A T M E N T T
T T E N O B N E K O R B E H
O E M S E N I Z A G A M C O
I S T E T H O S C O P E O L
B T N E N I C I D E M C A O
I R I S I C K Y R G P N T G
T A O R U T G A Y A A A R Y
N H P U R R T H C D T R A Z
A C P N E U I O O N I U U Z
F K A L R V L V U A E S M I
L B L E E D I N G B N N A D
U A T S A C S E H C T I T S
```

Solution on Page 304

ACTIVITY
AID
ALTRUISM
ASSIST
BUILDING
CARE
CAUSE
CHARITY
CHURCH
COACH
COUNSEL
DISASTER
DONATE
DRIVE
FEEDING
FREE
FUN
GIVE
GOOD
GROUP
HELP
HOURS

IMPROVE
KINDNESS
LABOR
MEDICAL
MISSION
MORAL
NEED
NGOS
OFFER
PTA
SCHOOL
SERVICE
SKILLS
SOCIAL
SUPPORT
TIME
VALUE
WORK

```
H X W U V A L U E M I T K N
K S L A B O R E E T A N O D
C O A C H T O E L O O H C S
W G C A M D V P W I D S C J
O N I R C O U N S E L D H C
R S D E R T B S E R V I C E
K L E P M S I U R T L A R V
R L M O T M S V I D W P U I
I I P G C A G E I L T E H R
Z K D N R H C S N T D V C D
C S O I A O A M U D Y I F O
O O H D N S U R O P N G N O
C C O E T E S P I R P I D G
C I U E N E E I L T A O K W
I A R F U R S D S E Y L R F
T L S O F F E R N T H U B T
```

Solution on Page 305

BABY

BALLET

BOOTS

BROGUES

BUY

CASUAL

CLEATS

CLOGS

DRESS

FABRIC

FANCY

FLATS

FLIP FLOPS

GALOSHES

GOLF

HEEL

LEATHER

LOAFERS

MOCCASIN

MULES

NEW

OXFORD

PAIR

PLATFORMS

PUMPS

PURCHASE

RACK

RUNNING

SANDALS

SHOP

SLIDES

SLIPPERS

SOLES

TENNIS

THONGS

TIE

TRAINING

TRY ON

WEAR

```
Q N Q C E W E A R G P F S G
F T S T A L F F T N L E E H
O O B E T R A I N I N G C G
T Q A N D B E O P N R A O S
M B B N R P Y F T N S L R E
S U Y I M R L S J U F E S L
Q Y C S T O L A A R F A O U
B P N R P I C L T A C T L M
B O A S D E S C O F V H E G
O H F E W B T L A B O E S A
O S S U F D A K A S U R P L
T V G G R T E L C D I Y M O
S G N O H T L P X A N N U S
K E F R L E C V P G R A P H
W X F B T C P U R C H A S E
O U D R E S S R E P P I L S
```

Solution on Page 305

APPLE	LASER
ARROW	LIGHT
BALL	MONITOR
BUTTON	MOTION
CABLE	MOVE
CLICK	OPTICAL
COMPUTER	PAD
CORD	POINT
CURSOR	REMOTE
DESKTOP	ROLL
DEVICE	SELECT
DISPLAY	SENSOR
DRAG	SMALL
GAMING	TRACK
GRAPHIC	USB
GUI	WHEEL
HAND	WIRE
HARDWARE	ZOOM
HOVER	
INFRARED	
INPUT	
LAPTOP	

```
L I D N A H A R D W A R E U
I N F R A R E D E S K T O P
G P L C J T I D N S M M S I
H U M A U S S E N S O R Z A
T T S P P R E Q P T O B S E
M O M L B T S T I Q Z O S B
H O A D K P O O O C L E F U
C Y N C N G N P R M L L A B
D I A I A O A D Q E E I O B
M R H P T Q T M C C C R C R
T O O P P O P T I C A L U K
D X V C A L R V U N X B L M
H O V E R R E K E B G F L N
L A S E R D G A R D U Q A E
R D A P O I N T I D I I M A
L E E H W K L M W F B Y S R
```

Solution on Page 305

ACE
ADVANTAGE
BAG
BOUNCE
CHAIR
COURT
DOUBLE
FAULT
FOREHAND
GAME
GRIP
HIT
LOB
MATCH
NET
OVERHAND
PLAY
POINT
QUALIFIER
RECEIVER
REFEREE
RETURN

SCORE
SET
SHOES
SINGLE
SKIRT
SLAM
SLICE
SOCKS
SPIN
STRINGS
STROKE
TOURNAMENT
TRAINING AIDS
VOLLEY

```
M C F F F G L K H G F A V X
X N A S D X N O D D W N E T
F Z L E C N U O B O I Z V R
T A P L A Y A N R U T E R I
M R U S E T R H E B M T H K
Q U A L I F I E R L N O C S
Y R L I T E O E V E G U H H
W O E N N N G R M I V N A O
V I I F H I T A E A E O I E
T O V S E F N E T H G C R S
P R D T U R S G C N A A E S
I R U R U O E T A I A N C R
R E R O C S A E S I L V D L
G C T K C M A Y P Z D S D B
V A S E O S T R I N G S S A
Y B C L X F S Z N J X G L G
```

Solution on Page 305

ACADEMY

ACHIEVEMENT

BADGE

BEAUTY

BEST

CALDECOTT

CEREMONY

CHAMPION

CUP

EARN

EMMY

ENGRAVED

EXCELLENCE

GOLD

GRAMMY

HEISMAN

HONOR

LOMBARDI

MEDAL

MERLIN

MVP

NOBEL

OSCAR

PINS

PLAQUE

PRESTIGE

PRIZE

PULITZER

RECIPIENT

RESPECT

RIBBON

SAG

SILVER

SPORTS

STATUE

SUCCESS

TITLE

TROPHY

VICTORY

WIN

```
G K R E V L I S T A T U E N
K D E Z I R P S Y H P O R T
C W G H C N E U F W A A T N
U F I O T B A Q G C E O A E
P V T N O I P M A H C C G I
U P S O R A L D S E H D Y P
L X E R Y E E K D I A N L I
I D R A B M O L E B E A E C
T F P O Y L A V I Q D H D E
Z S N E X C E L L E N C E R
E S G R A M M Y M D I A V I
R E S P E C T T I T L E A B
A C Y N O M E R E C R O R B
C C T L I P L A Q U E C G O
S U N M V P F Q Y M M E N N
O S T R O P S C Y T U A E B
```

Solution on Page 306

AIRPORT	MALL
BARN	MOON
BOAT	MOTEL
BRIDGE	OCEAN
BUS	RHINO
CAMEL	SEA
CANYON	SHARK
CASTLE	SHIP
CITY	SPACE
CLOUD	SUN
COUNTRY	TOWER
EARTH	TRAIN
ESTATE	TREE
FACTORY	TRUCK
FERRY	VALLEY
FIELD	WHALE
FOREST	WORLD
GALAXY	YACHT
GIANT	
GIRAFFE	
HOTEL	
JET	

Solution on Page

```
Y W O R L D L E I F P R R J
C K Y N I A R T F V C S U B
K F Q W Z N O O M F E A R J
Y R E C A P S W V A A I Y O
L L A R S N A E C O D R T A
O N I H R O K R G G T P I M
P H I I S Y V C E N T O C G
W P O U W N R W U S O R S I
H G N T R A L O E R O T Z A
S H D A E C C R T A T K E N
R Q B T A L O R A C R S L T
L L A M O F E R T A A T A A
D U E U O E M H S S F F H O
K L D I X T C K E T E J W B
X T Z F P A E G A L A X Y G
P Y V E Y V A L L E Y Z M S
```

Solution on Page 306

CALYPSO	PAIRS
CLASS	POISE
CLOG	POSTURE
COSTUME	RHYTHM
COUNT	ROUTINE
DUET	SALSA
ENERGY	SOLO
EXERCISE	SPIN
FITNESS	STEPS
FLAMENCO	STUDIO
FOLK	SWING
FORM	TAP
FRIENDS	TEACHER
FUN	TEMPO
GRACE	TIGHTS
GROUP	TUTU
JAZZ	TWIRL
LATIN	WALTZ
LEAP	
MIRROR	
MOVEMENT	
MUSIC	

```
N S P E T S W I N G X C A P
R S G Z N I T A L H H G E A
A L E Z P N G E P L R I W T
S W S A M X N H E N E R G Y
L D I J M I M H T Y H R K M
A R O R T U F F G S C L O G
S O P U K U S L R B A V Q C
C R O P M E T I A X E C E A
F R I E N D S U C M T O X L
O I B Y M Q N H E R E U E Y
L M G T E U D N S P I N R P
K W M R F I T N E S S T C S
S O L O O P O S T U R E I O
G I R S T U D I O C L A S S
Q M G W Y B P B R C P A E L
C A I D P S Z T L A W S O G
```

Solution on Page 306

BACON

BATTER

BLUEBERRY

BREAD

BROWN

BUTTER

CHOCOLATE

CINNAMON

CIRCLE

DESSERT

DOUGH

EGGS

FLAT

FLIP

FLOUR

FLUFFY

FOOD

FRY

GOLDEN

GRIDDLE

HOTCAKES

HOUSE

JAM

MAPLE

MIX

PAN

POTATO

ROUND

SAUSAGE

SILVER DOLLAR

SOFT

STACK

STRAWBERRY

SUGAR

SWEET

SYRUP

THIN

WAFFLE

WHEAT

```
O S Y R U P W H N I H T C Z
Q O Z E B W G R S W E E T Y
N F N H W U Y U F R O U N D
C T E T O A R O X L N R O K
H F D D Z T F L I O A O B Q
Y E L C R I C F M L F T I M
R T O I J E T A L O C O H C
R B G D P A N O K E L P A M
E N L R T N D P B E S G G E
B J O U I R O E G A S U A S
W A D C E T E L D D I R G U
A M T V A B A S R U Z E X O
R Z L T R B E E S A K T J H
T I O E E Q Q R H E G T X F
S T A C K R O X R W D U I T
A D N B F L U F F Y B B S J
```

Solution on Page 306

ALLOTMENT

ALLOWANCE

AMOUNT

BODY

COMPLEX

CONSUME

DIET

DRINKS

EFFECTS

ENERGY

EXERCISE

FAT

FIBER

FOOD

FRUIT

GOALS

GRAMS

HEALTHY

HUNGRY

INTAKE

JOURNAL

LIGHT

LOSE

MASS

MEALS

MUSCLE

NUTRITION

PHYSICIAN

PORTION

RESTRICT

SALAD

SCALE

SERVINGS

SHAKE

SKIM MILK

SKINNY

SLIM

SNACKS

SUGAR

WEIGHT

Solution on P

```
E D I E T C I R T S E R S E
T G W P H Y N N I K S K L S
A T A M O U N T Y E I A M K
F F I B E R N H X M C A F C
O M M U A W T G M S R P L A
O U I E R L A I R G E E A N
D S L N A F L L O Y X K N S
A C S E G K L O P N E A R G
L L H R U N O I T I R T U N
O E A G S M W O J M D N O I
D F K Y W K A L O S E I J V
M F E N C O N S U M E N F R
C E I N A I C I S Y H P T E
O C O M P L E X R M E A L S
P T H G I E W Q T D A L A S
T S L A O G M I Y D O B D C
```

Solution on Page 307

ACTIVISTS

ALLEGIANCE

BALLOT

CAMPAIGN

CANDIDATES

CAUCUS

CITIZEN

CONGRESS

DEBATE

DECISION

DEMOCRAT

DONKEY

ELECT

FEDERAL

GOVERNMENT

GRASSROOTS

HOUSE

INCUMBENT

INFLUENCE

LANDSLIDE

MAJORITY

MAYOR

MEDIA

MESSAGE

NATION

NEWSPAPERS

PARTY

POLL

PRESIDENT

PROMOTIONS

RHETORIC

RUN

SPIN

VOTE

```
V A I D E M O C R A T D P E
C S L L A N D S L I D E A T
S T O L L A B L L O P B R O
P S S F E D E R A L G A T V
I I C O N G R E S S O T Y I
N V N O I S I C E D V E E N
F I C A N D I D A T E S K O
L T N E D I S E R P R U N I
U C P R O M O T I O N S O T
E A M Y T I R O J A M R D A
N M S R E P A P S W E N T N
C P G I N C U M B E N T C N
E A G R A S S R O O T S E N
C I R O T E H R O Y A M L Z
E G A S S E M K H O U S E N
E N E Z I T I C A U C U S C
```

Solution on Page 307

BOILED

BUBBLE

BURN

COFFEE

COOKING

ENGINE

FEVER

FLAME

FOOD

FURNACE

GEYSER

HEAT

HOT COCOA

IRON

JACUZZI

KETTLE

LAVA

MAGMA

MANTLE

MATCH

MERCURY

OVEN

PLASMA

POT

SAUNA

SCALDING

SCORCH

SHOWER

SOUP

SPRINGS

STARS

SUN

SWEAT

TEA

TORCH

WAX

```
S A U N A I D Q G H R X C O
D O O F L G S X M X O K I B
O O S C A L D I N G M I Y Z
Y X G O O R H E Z G O V E N
F T N O A C E H P Z N T L Z
G U I K Z X T W C L U S T B
Y Q R I E T D O O R A C N B
J Y P N T M F M H H O S A V
N U S G A F E P P C S T M J
S W V T E C K M U R T A G A
W N C E J D E L I O B R E M
E H R A M R T S P C S S Y G
A E V U C A T E A S U N S A
T A B U B B L E N G I N E M
L T R R R E V E F U J N O R I
J Y X A W N E K C J E A C H
```

Solution on Page 307

ALOE

BASIL

BONSAI

BOTANY

BUD

CACTUS

CHIVES

DAISY

DIRT

EARTH

FERN

FLOWER

GARDEN

GRASS

GREEN

GROW

HERB

HYBRID

LEAF

LICHEN

LILY

LIVING

MOSS

MYRTLE

PARSLEY

PETAL

POT

RAIN

ROOT

ROSE

SEED

SOW

SPROUT

STEM

SUN

TULIP

VIOLET

WATER

WEED

WORMS

```
S S O M E B J I C A P Y R C
D A I S Y G N O H H S O W B
Y P P E N R E T A W S P E H
C E Q E N O T N R E F S A U
M A L D V W D L O I U A X B
F B C S L I C H E N D P E R
B V L T R I B S D A E Q O L
G P K B U A Q P S M R O W U
R N Y R Y S P R E N T T L P
A H I D E N P O T E T C H A
S N L V U O A U F E R N B B
S Z I V I B Y T L R M P R B
B H S A U L L O O G W E E D
C X A O R Q I P W B H T T S
N C B D M V L N E D R A G S
Y S G M F Q R C R P I L U T
```

Solution on Page 307

ACADEMICS

ANIME

AWKWARD

CALCULUS

CHESS

COMICS

COMPUTERS

DEBATE

DORK

DWEEB

FANTASY

GAMES

GEEK

GENIUS

GIFTED

GLASSES

GRADES

INTELLECTUAL

INTELLIGENT

INTERNET

KNOWLEDGEABLE

MATH

ODD

PASSIONATE

PENS

PROTECTOR

QUIRKY

SAT

SHY

SMART

STEREOTYPE

STUDY

SUPERHEROES

TECHNOLOGY

TUTOR

UNSOCIABLE

VOCABULARY

```
K A C A D E M I C S E M A G R
R S E O R E H R E P U S B F
O L P C A L C U L U S M U M
D R A W K W A M B T I A N S
E D S U I N E G A U N R S E
T S S S T U D Y E T T T O S
F R I S H C H G G O E Q C S
I E O S Q S E O D R R U I A
G T N E G I L L E T N I A L
F U A H F C G O L B E R B G
A P T C O E T N W E T K L R
N M E M E Y A H O E T Y E A
T O I K P S S C N W F N M D
A C D E B A T E K D D O I E
S K R O T C E T O R P E N S
Y R A L U B A C O V H T A M
```

Solution on Page 308

ACTS

AERIAL

ANIMALS

APPLAUSE

AUDIENCE

BALLOONS

BAND

BEAR

BIG TOP

CHAIR

CLOWN

COSTUME

CROWD

ELEPHANT

FAMILY

FIRE

HORSES

JOKES

JUGGLER

LIGHTS

LION

MUSIC

NET

PARADE

PEANUTS

POODLE

POPCORN

PROPS

RING

SEATS

SHOW

STILTS

STUNTS

TAMER

TENT

TICKETS

TIGER

TRAPEZE

WHIP

WIRE

Solution on p.

```
D S N M U S I C R W O H S V
D W O R C T R A P E Z E J E
B F E I H I P O M J K T C S
S I Y N A L O U U O C N L T
T R E G I T T G J W E A I U
N E P G R S G E F I M H O N
U K H O O L I S D I E P N A
T T T C E P B U N O S E K E
S E S R O H A A E O T L D P
N N C O S F L L K B E E O A
R T D L P C L P Y Q K P E R
S L U B O X O P Z L C R H A
E F F A R W O A Z O I N B D
A R C N P H N R R A T M E E
T T I D F I S N L R E M A T
S T Q W G P Z T A N O Y R F
```

Solution on Page 308

ACHIEVEMENT	JOYOUS
ANNIVERSARY	JULY FOURTH
AWARD	LUAU
BABY	MARDI GRAS
BAPTISM	NEW YEARS
BASH	PARTY
CEREMONY	PROM
CHRISTMAS	RECOGNITION
CHURCH	RETIREMENT
COMMUNION	SUPER BOWL
DINNER	VALENTINE
EASTER	
ELECTION	
ENGAGEMENT	
EXCITED	
FESTIVAL	
FLOWERS	
GALA	
GIFTS	
GRADUATION	
HAPPY	
HONEYMOON	

```
P U H A N N I V E R S A R Y
A S N O I T I N G O C E R N
J U L Y F O U R T H N Y S O
Y P P A H A E N I G T S D M
A E R T U N O E A R R H E E
D R O L N I V G A A Q C T R
F B M I T E E P E D B R I E
L O D C M M M Y C U B U C C
O W E E E S W E B A S H X E
W L N N I E I R R T R C E A
E T T T N M A R D I G R A S
R B P J O Y O U S O T E W T
S A V A L E N T I N E E E A E
B B Z C O M M U N I O N R R
K Y G A L A V I T S E F D J
G I F T S N O O M Y E N O H
```

Solution on Page 308

BAKE	HOT
BRICK	KILN
BROIL	KNOBS
BURN	LIGHT
CAKE	MASONRY
CERAMIC	MODERN
CHEF	PAN
CHICKEN	PIE
COAL	POT
COILS	RACK
COOK	RANGE
DEGREES	ROAST
DINNER	SOLAR
DOOR	STONE
DRYING	TIMER
DUTCH	TURKEY
EAT	WARM
FIRE	WOOD
FOOD	
FURNACE	
GAS	
HAM	

```
W A R M T R X A O W E E J C
B O W A S D Q Q Z C S E O G
Q U E S T U M Z B M H P G Q
D C R O C I N M H D J A S P
T H L N C N M L L O S N G W
S E E R G E D E I A T S H S
U F L Y R K R C R K O O B C
A Q L I P C D A S G N C P S
W H F O G I W N M N E O T X
D C P N N H E R L I O R B C
B T O N H C T U D Y C C C S
C U E O E Y S F N R E D O M
B R I C K R A F E D G W I A
U K M R A L O S O K N A L H
M E L C C O R O H R A M S E
P Y K P D J W D O O R B Q U
```

Solution on Page 308

ADVICE

ART

AUCTIONS

BUSINESS

BYLINE

CLASSIFIEDS

COMICS

COUPONS

CRITIC

CROSSWORD

CULTURE

EDITORIAL

ENTERTAINMENT

ESTATES

EVENTS

FEATURES

FINANCE

FOOD

GOVERNMENT

HEADLINE

HEALTH

HUMOR

INTERVIEWS

LEGAL

LETTERS

LIFESTYLE

LOCAL

NATIONAL

NEWS

OPINION

PHOTOS

POLITICS

PUZZLES

REPORT

REVIEWS

TECH

WEATHER

```
P U Z Z L E S R E T T E L C
S O E O P I N I O N N F T H
E B L D F O O D H A I N N H
C S Y I I Q P S T N E V E E
I O T L T T U I A M C A M A
V T S A I I O N N L D U N L
D O E C T N C R A L R F I T
A H F O A E E S I E E N A H
U P I L D V S N H A T Q T R
C O L C O I E T T E L C R E
T D A G F W A U R J R I E P
I P G I S E R V I A O T T O
O T E S W E I V E R M I N R
N D L R S E C U L T U R E T
S D R O W S S O R C H C E T
T B U S I N E S S C I M O C
```

Solution on Page 309

AIRPLANE

ANTELOPE

ARROW

BASEBALL

BULLET

CANNONBALL

CARS

CHEETAH

EXPRESS

FALCON

FASTBALL

GAZELLE

GREYHOUND

JAGUAR

JAVELIN

LIGHT

MACH SPEED

MOTORBOAT

MOTORCYCLE

PEREGRINE

ROCKET

SAILFISH

SATELLITES

SLED

SNOWMOBILE

SOUND

SPACESHIP

SPEEDBOAT

SPRINTER

SUBWAY

TIDAL WAVE

TIME

TORNADO

TRAIN

WIND

```
C A N T E L O P E B F Y T S
A R G A D W L V U S D A L A
R A A A O E A L P D I W F I
S U M R Z W L A A R S B A L
P G R O L E C S P B S U S F
R A S A T E L L I T E S T I
I J D N S O A L M N R S B S
N I A H O N R A E O P E A H
T I I V E W C B D C X N L B
E P A M E H M N O L E I L B
R N I R S L I O D A N R O T
C T F P T W I N B F T G D E
G R E Y H O U N D I E E N K
I E C H E E T A H N L R U C
D G M O T O R C Y C L E O O
L I G H T A O B D E E P S R
```

Solution on Page 309

ACCURACY

BAR

BENCH

BOOK

CHORD

CLEF

DAMPER

EBONY

FINGERS

FLAT

FORTE

GRAND

HARMONY

INTERVAL

IVORY

KEYS

MAJOR

MEASURE

MELODY

MINOR

MOVEMENT

MUSIC

NOTES

OCTAVE

PEDAL

PITCH

PLAYING

PRACTICE

RESTS

RHYTHM

SCALE

SHARP

STAFF

STUDY

TEACHER

THEORY

TONE

TREBLE

TUNE

UPRIGHT

```
S C A L E C L R O Y S F X E
O Y D S A C C U R A C Y E C
W S P Y P V W R L N O T E S
S T S E R Y R M E A S U R E
T A C K A D T E T O N E E L
U F I K C O U H T G G H H B
D F S O T L N N G N L C C E
Y E U C I E E Z I I I T A R
H L M T C M V F M Y R I E T
Y C I A E H R K Y A U P T A
N N N V K E O Y D L J H U L
O D O E P O E R R P E O O F
B M R M B Y I T D O R V R O
E R A G R A N D R R V A O Q
L D P E D A L Y A O A I H X
E J M H T Y H R B L F I U S
```

Solution on Page 309

ALKALI	MASS
ARRANGED	METAL
ATOM	NAMES
BLOCKS	NATURAL
BONDS	NEUTRON
BORON	NUCLEUS
CALCIUM	NUMBER
CHART	OXYGEN
CHEMIST	PERIODS
COLUMNS	PROTON
ELECTRON	PURE
ELEMENT	ROWS
FRANCIUM	SCIENCE
GAS	SODIUM
GOLD	SOLID
GROUPS	SYMBOLS
HALOGEN	URANIUM
HELIUM	WEIGHT
HYDROGEN	
IONS	
IRON	
LITHIUM	

Periodic Table of the Elements

```
T X T H G I E W F N X S T G
G G P B L O C K S S A M M L
J H V A S M U I D O S A U G
U E K H O C H O L L P R I Z
R L A T E M I A L I U R H C
A I A R X R R E L D O A T H
N U C L E U S C N O R N I E
I M A P T M O D A C G G L M
U Y D A D L O G N L E E S I
M O N E U T R O N O C D N S
E L E M E N T V W T B I N T
R H N C N E G O R D Y H U E
U S A O H S L O B M Y S M M
P W M F R A N C I U M A B D
D O E T N O R I O X Y G E N
Y R S N O I B T N O T O R P
```

Solution on Page 309

BASKETBALL

BEACH

BOWLING

CAMP

CATCH

CHAT

CLUBS

CONCERT

CONVERSATION

COOK

DANCE

DATES

E MAIL

FESTIVITIES

FOOTBALL

FRISBEE

GAMES

GRILL

HIKE

JOKING

KARAOKE

LAUGHTER

MOVIE

PARK

PICTURES

PLAY

POOL

ROAD TRIP

RUNNING

SLEEPOVER

SOCCER

SPORTS

SWIM

TAG

TEXT

THEATER

TRAVEL

TWISTER

VIDEOS

VOLLEYBALL

Fun with Friends

```
V I D E O S E T A D Y B M P
E K I H T D X X P M F G S A
M K V R B E A B S O J N E R
I F O T T A N N O V O I R K
W P E A W Z S T C I K L U R
S R V S R I B K C E I W T E
B N O I T A S R E V N O C V
U B L A L I K T R T G B I O
L G L L D R V C E G B E P P
C U E E C T O I N R C A H E
Y G Y V V O R I T A H C L E
A R B P K A N I T I C H S L
L I A M E N R C P K E A E S
P L L A U G H T E R U S M T
S L L R E E B S I R F W A P
A A N C R E T A E H T G G H
```

Solution on Page 310

ALGEBRA

ANSWER

BIOLOGY

BORING

CALCULUS

CHEMISTRY

COMPUTER

COPY

DEADLINE

DEFINE

DIFFICULT

ENGLISH

ESSAY

FORGOT

FRENCH

GEOMETRY

HISTORY

LANGUAGE

LOST

MATH

MEMORIZE

PACKET

PAPER

PENCIL

PHYSICS

PROBLEMS

PROJECT

READ

RESEARCH

RESULTS

REVIEW

SCIENCE

SOLVE

SPANISH

SPELL

STUDY

SURVEY

SYLLABUS

TUTOR

```
R N T S Y S C I S Y H P R C
E Y U A P M M M Y T C E E H
V H T N O E A P L E N N S S
I I O S C L L B L K E C E I
E S R W G B I L A C R I A L
W T C E J O R P B A F L R G
S O B R L R E T U P M O C N
P R U O C P Y Y S R A H H E
A Y G D E A D L I N E P N Z
N Y R E S U L T S M C A E I
I W K S T L U C I F F I D R
S U E S S L I S U R V E Y O
H G E O M E T R Y L O S T M
V E L A N R L A N G U A G E
I V T C Y B O R I N G S V M
E H E N I F E D F O R G O T
```

Solution on Page 310

ASTEROID	NEPTUNE
BIG BANG	ORBIT
CELESTIAL	PLANETS
COMET	PLUTO
CONSTELLATIONS	PROBE
COSMOS	ROCKS
DUST	SATELLITE
EARTH	SATURN
ENERGY	SOLAR
EXPANSIVE	SPACE
EXPLORE	STAR
GAS	SUN
GLOBE	TELESCOPE
GRAVITY	TRAVEL
ICE	URANUS
JUPITER	VENUS
MARS	
MATTER	
MERCURY	
MILKY WAY	
MOON	
NEBULA	

Solution on page 310

```
R P L A N E T S U N A R U L
E L J S R R R Y G R E N E D
C U H N U O L E M T N D A U
A T I O T L Z X T A U W R S
P O T I A P Y P B I T R T T
S T L T S X M A R S P T H I
K R E A G E D N W W E U E B
C A B L I R T S O Y N T J R
O V O L E T A I A O K E K O
R E R E Y S S V L G M L B C
A L P T R S C E I L L W I T
L W E S U U R O L T E O G M
O Y C N C N A N P E Y T B Z
S D I O R E T S A E C G A E
W X J C E V S A L U B E N S
P D S O M S O C O M E T G K
```

Solution on Page 310

BIFOCAL

CARE

CASE

CLEAN

CLOUDY

COLORED

CONTINUOUS

CORNEA

CORRECTION

COSMETIC

DAILY

DISPOSABLE

DRY

EXTENDED

FARSIGHTED

FITTING

HARD

HYBRID

IMPROVE

INSERT

MOIST

MULTIFOCAL

NOVELTY

OPTOMETRY

OVERNIGHT

PERMEABLE

REMOVE

REUSABLE

RIGID

RIPPED

SALINE

SANITIZE

SOFT

SOLUTION

SPHERICAL

VISION

WEAR

```
S G D X M E L B A S U E R M
E G N O L A C I R E H P S U
E V I I Q Y A L L I E U N L
X S O F T R C B O L G O R T
T C A R E T A O B U V I G I
E I C M P E I A L E D O D F
N S O O M M S F L O V Y A O
D V A R N O I T C E R R O C
E S E C P T Y D R S S E O A
D P O S N P I N A I G S D L
S E I L C O I N G I M D I A
A D P L U G I H U E L R R C
L R E P H T T S T O A Y B O
I A D T I E I I I E U F Y F
N H P Z D R C O W V B S H I
E A E N R O C I N S E R T B
```

Solution on Page 310

BONE CHINA

BOWL

BUTTER

CASSEROLE

CERAMIC

CLAY

COMPOTE

COVERED

CREAMER

CROCKERY

CUP

DEMITASSE

DESSERT

DINNER

DISPOSABLE

DRY

EARTHENWARE

FINE CHINA

FRAGILE

GLASS

JUG

KITCHENWARE

LID

MUG

PAPER

PITCHER

PLATE

PORCELAIN

RAMEKINS

REUSABLE

RINSE

SAUCER

STONEWARE

TEAPOT

TRAY

TUREEN

WASH

```
T M R D E S S E R T R A Y J
X T C I M A R E C T B G X N
N L A S A U C E R O O S I E
R D S P W N G K P P W A E E
A E S O A D I L I A L A T R
M R E S X P P H T E R X O U
E E R A W N E H C T I K P T
K V O B Y E R R H E A C M S
I O L L W E O E E L N R O S
N C E E N P N D R B I O C A
S T O N E W A R E A H C B L
E L I G A R F Y H S C K U G
T D N R I N S E H U E E T Y
A D E M I T A S S E N R T A
L P U C R E A M E R I Y E L
P Y J U G W V L O C F Z R C
```

Solution on Page 311

ACADEMIC

ADDRESS

CLASSROOM

CRITICAL

DESK

DIRECT

DRONE

EDUCATE

EXPERT

EXPLAIN

GUEST

HALL

INSTRUCT

JABBER

LANGUAGE

LEARN

LECTERN

LESSON

LIGHTS

LINGO

LISTEN

LONG

NOTES

ORAL

PITCH

PODIUM

PRATTLE

QUESTION

RECORD

RELAY

SOAPBOX

SPEAK

SPIEL

STAGE

STUDENT

TALK

TEACH

VOCALIZE

VOICE

WATER

Solution on P.

```
V O I C E W A T E R G N O L
O Y M H K Y D N O S S E L I
F P O D I U M I R S X S N P
E Y O J A B B E R E P S R R
Z C R I T I C A L E T H T A
I G S E N O R D A R C C R T
L H S O R A L K U T A T E T
A C A D E M I C I D N A P L
C O L L T G T P D E C S X E
O G C L L S A R D H E P E F
V N O I T S E U Q M D I Y R
T I D G U S T U G R U E E S
A L E H S S P Q G N C L S T
L I S T E N X O B P A O S A
K E K S E T O N Y Y T L L G
L E A R N I A L P X E J V E
```

Solution on Page 311

AGENCY	PAY
BENEFITS	POSITION
BONUS	PROFIT
BOSS	PROMOTION
BUSINESS	QUOTA
CAREER	RAISE
CLIENT	RECRUITER
CUSTOMER	REVIEW
DUTIES	SALARY
EMPLOYEE	SCHEDULE
FIRE	STAFF
HIRE	TAXES
HOURS	TITLE
INCOME	TRADE
INTERVIEW	UNION
JOB	VACATION
LABOR	WAGE
LEAVE	WORK
MANAGE	
MONEY	
OFFICE	
OVERTIME	

```
T I T L E A V E C I F F O Y
W N O I N U T K G Q Z X M G
A W O R K H I R E A T O U Q
G P A Y R A L A S U N O B S
E B U S I N E S S E E A U E
N O I T I S O P Y J I R M X
C A V A C A T I O N L T R A
Y I N C O M E I T C C E U T
C S T I F E N E B O E D I D
F U L A B O R N Y R M F J T
F S S K S V K M A O O O R L
A R E T I U R C E R L A R S
T U B E O V Y K P Y D P S P
S O W T E M I T R E V O M P
J H E L U D E H C S B A Y E
F I R E S I A R E V I E W I
```

Solution on Page 311

APPLE	NUTRITIOUS
BEET	ORANGE
BLEND	PAPAYA
BLUEBERRY	PEAR
CARROT	PRUNE
CHERRY	PULP
CITRUS	PUNCH
CONCENTRATE	RASPBERRY
CRANBERRY	SPINACH
EXTRACT	STRAWBERRY
FRUIT	SWEET
GRAPE	TOMATO
GUAVA	
ICE	
LEMON	
LIME	
LIQUID	
MANGO	
MELON	
MIXED	
NATURAL	
NECTARINE	

```
X C C A N T O M A T O I Y G
D E X I M I C E Y E P A R G
S W E E T E D L A P E A R E
H Y P I C R I O P A B E E T
C U P M A W U N A I V R H J
N O W I R X Q S P I N A C H
U G N U T R I T I O U S U Y
P N E C X Y L N M G T P O G
B A C P E E R E A R F B C C
A M T L N N L R A T T E A R
P S A U T A T W E D U R X E
P W R P I L B R N B R R U M
L P I S U E U E A O N Y A I
E G N A R O L E T T X A E L
O Y E R F B L U E B E R R Y
L L Y B K K L K V D M C O C
```

Solution on Page 311

BALL	OLD
BIRDS	ORB
BREEZY	OWL
BRIGHT	PALE
CALM	PATH
CAMPING	QUARTER
CLEAR	QUIET
COUPLE	SHINY
CRESCENT	SILVERY
CRICKETS	SKY
DARK	SPHERE
DIM	STARS
EERIE	STILL
FROGS	SUMMER
FULL	TWINKLE
GAZING	WALK
HALF	WANING
HIGH	WAXING
LOCUST	
LOVE	
NATURE	
NEW	

Moonlit Night

```
X L Q F B T W B T O E L A P
L J O Y R E V L I S O L C B
Q Z K V E V V K T R L I V F
E S T N E C S E R C D T G R
H R Q L Z C K E O A E S J O
Z U U U Y C T L S M I D L G
J C B T I R Y K X P L L N S
B F O R A E S N H I H A C U
N R C U I N T I S N A E C M
W A Q L P G E W R G L F R M
J Y W E N L H T A G F U C E
Q O N I H O E T T N E L C R
W I Z I L C R K S I I L H K
P A T H H U I B R X E N I M
G R L M A S L E B A L L G Y
D T A K K T E N R W D E H O
```

Solution on Page 312

ACADEMICS

ART

BOOKS

CHILDREN

CLASSES

COLLEGE

COMPUTERS

DEBT

DEGREE

DIPLOMA

DISTRICTS

ENGLISH

EXAMS

EXPENSIVE

FAILING

FEDERAL

FREE

FUNDING

GRADES

HEALTH

HISTORY

LOANS

LOCAL

MATH

PRIVATE

PROGRAMS

PUBLIC

READING

RECESS

REQUIRED

SCHOOL

SCIENCE

STATE

STUDY

SUMMER

TEACHER

TEST

TUITION

UNIONS

WRITING

P B S T U D Y V L O A N S T
F U N D I N G R A D E S Z E
E X A M S X F N O I T I U T
D E G R E E W R I T I N G A
E X P E N S I V E D S A R T
R P R O G R A M S E A I B S
A U E S N E S L E B P E H E
L S Q S H T T A S T R F R T
P L U E T U C C S E I A L E
D P I C L P I O A N V I O A
I U R E A M R L L G A L O C
P B E R E O T Q C L T I H H
L L D D H C S S C I E N C E
O I A T U N I O N S X G S R
M C A N E R D L I H C P E E
A M B O O K S U M M E R S T

Solution on Page 312

BEACH	LEISURE
BIKING	MASSAGE
BLISS	MOVIE
BOOK	MUSIC
BREAK	NAPS
CALMNESS	PARK
CAMPING	POOL
COLORING	READING
COMFORT	RESTING
COOKING	RETREAT
COZY	SAILING
CRUISING	SITTING
DINNER	SKIING
DIVERT	SOOTHED
EASE	SUNNY
ENJOY	WINE
EXERCISE	YOGA
FIRESIDE	
FISHING	
FRIENDS	
GAMES	
HIKING	

```
V E E T U J Z G A G O Y G E
Z G S B R E A K N N N E N N
Y G N I R O L O C I Q R I J
M U S I C Z F A W K H U T O
E P Q F P R L M P O W S T Y
I A G I A M E K O O B I I T
V R N R N S A X B C O E S F
O K I E S R O C E I R L V S
M A S S A G E O K E K W A E
H S I I D E G S T U K I G M
Y L U D T N H R T H L N N A
B E R E I I E R Y I E E I G
Y S C D K A E I N N N D I Y
H A A I T V S G R A N G K Z
R E N N I D L S B F P U S O
R G F D E Z H C A E B S S C
```

Solution on Page 312

ACQUIRE

ALBUMS

AMASS

ANTIQUES

ART

ASSEMBLE

AUCTION

AUTOGRAPHS

BOOKS

BOTTLES

BUTTERFLIES

CASE

COINS

COLLECTOR

COMICS

COMPILE

DISPLAY

FANDOM

FIGURINES

FOSSILS

FUN

GATHER

GET

HOBBY

HUNTING

INSECTS

ITEMS

JEWELRY

MINT

MODELS

MOVIES

ORNAMENTS

PATCHES

PICTURES

POSTERS

PRESERVED

PRICE

RESTORE

STAMPS

TRINKETS

```
S P M A T S D P A T C H E S
B H U N T I N G R O A N E M
H U C A S E N I R U G I F U
O T T P I O N N T N V M D B
B R L T I K A O B O O K S L
B A E T E M G M M I N T B A
Y M C T E R O T C E L L O C
S U S N A D F A N D O M T Q
A V T P E Y R L E W E J T U
S S H L S E U Q I T N A L I
C S S D E V R E S E R P E R
I N S E C T S A M A S S S E
M U C O M P I L E C I R P H
O F G E T B S R E T S O P T
C O I N S S L I S S O F E A
X P I C T U R E S T O R E G
```

Solution on Page 312

AERATE	MUD
ANNELIDS	PESTS
BAIT	PLANTS
BENEFICIAL	RAIN
BODY	RED
BURROW	RIBBED
CASTINGS	SEGMENTED
COCOON	SIDEWALK
COMPOST	SLIMY
CRAWLY	SOIL
DAMP	SQUIRM
DIG	TUBE
EGGS	TUNNEL
FARMING	WORM
FERTILIZE	WRIGGLE
FISHING	
GARDEN	
GRASS	
GROUND	
HOOK	
INVERTEBRATE	
MOIST	

Solution on P

116

```
E V I R W J T M E Z C G X R
M Z E E T A R E A R K K I L
H D B R Z O N Z A G N B E X
W U Q D W I S W N S B N F D
T M L H A Q L I D E N V E N
J B L R U Y H I D U D T T U
T D Q I D S L B T E A R I O
G A R O I E U E T R W T A R
H M B F N R A N B S E A B G
O P O N R N E E O W I F L S
K E A O G M T F R O H O O K
E S W R G R L I O S C N M I
G T A E E J G C O M P O S T
G S S V S G N I T S A C C Y
S T N A L P F A R M I N G U
D I G E Y M I L S Y G S A T
```

Solution on Page 313

ALIVE

ALLERGIES

APRIL

BEACHES

BLOOM

BRIGHT

BUDDING

BULBS

BUNNY

CHICKS

CLEAN

EASTER

EGGS

FLOWER

FRESH

GARDEN

GREEN

JACKET

KITE

LAMBS

LEAVES

LIFE

MAY

MELT

ORCHIDS

POLLEN

PUDDLES

RAIN

REBIRTH

SEASON

SHOOTS

SHOWERS

STORM

SUNNY

THUNDER

TULIPS

UMBRELLA

WARM

WEATHER

WINDY

Solution on Page

```
R A I N P P S L G Y M G T W
L E A V E S E A S O N H M A
B C B L O O M G R E E N T R
T H G I R B B S B L U B U M
A L L E R B M U E V I L A B
L A R F S T E T D L I R P A
L M E W U H H A S D D Y Q B
E B T I N U O R C H I D S T
R S S N N Z E O C H F N U B
G B A D Y W T L T R E L G P
I F E Y O Y E E E S I S A S
E R E H T A E W K P K S R T
S E S V N M O T S C J W D O
P S N E L L O P I G A G E R
A H U E F I L H Y K G J N M
U Z V G Z R C S E T L E M Z
```

Solution on Page 313

ASIAN

BEEF

BROCCOLI

BUFFET

CANTONESE

CARROT

CHICKEN

CHOP SUEY

CHOW MEIN

CRAB RANGOON

DINNER

DUMPLINGS

EGG ROLL

FAST

FOOD

FORTUNE COOKIE

FRIED

GINGER

LO MEIN

LUNCH

MSG

NOODLES

PANDA EXPRESS

PAPER CARTON

PORK

RESTAURANT

RICE

SALAD

SAUCE

SESAME

SHRIMP

SNOW PEAS

SOUP

SPICY

SPRING ROLL

TAKEOUT

TEA

VEGETABLES

WOK

```
F T Y D B R O C C O L I D T
P O U N O E G G R O L L N E
N M R O T O R R A C T A I S
E N I T E F F U B F R E P E
K I C R U K L F R U G R A N
C E E A H N A I A W I E N O
I M N C T S E T N N N N D T
H W I R T D S C G O G N A N
C O E E H E K R O P E I E A
N H M P R O O D O O R D X C
U C O A W L L S N U K Z P W
L I L P L E M A S E S I R B
D A L A S E L B A T E G E V
B E E F D U M P L I N G S M
C S N O W P E A S I A N S S
P U O S P I C Y S A U C E S
```

Solution on Page 313

ALARMS

BABY

BARK

BIRDS

BROOK

CAR

CHAINSAW

CHATTER

CHILDREN

CONCERT

CRY

DEBATE

DECIBEL

DOG

DRUM

FAN

FESTIVAL

FIREWORKS

FREEWAY

HELICOPTER

HORN

JACKHAMMER

KAZOO

MACHINES

MOTORS

MUSIC

NEIGHBORS

NIGHTCLUB

PARTY

PEOPLE

PHONE

RADIO

ROOSTER

SHOUTING

SINGING

SQUEAL

TEENAGERS

THUNDER

TRAFFIC

VACUUM

```
E T A B E D L K S A U C T R
Y T R A P G A A L Q I J E A
K R A B M Z N A V F U T E D
R E T S O O R I F I T E N I
F C G O F M T A T A T E A O
R N N P S S R O H U I S G L
E O I S E T E C R G O Y E B
E C G G K O T N H S V H R F
W V N P H R P B I R D S S C
A A I H M T O L R H G O D T
Y C S O U R C W E O C A R H
B U N N S Q I L E F O A U U
A U A E I K L H U R X K M N
B M F H C A E L E B I C E D
H R E M M A H K C A J F V E
N E R D L I H C H O R N R R
```

Solution on Page 313

ACCOUNTING

BANK

BUILDING

CAPITAL

CUSTOMERS

DOCUMENTS

EMPLOYEES

EQUIPMENT

FINANCING

GRANTS

IDEA

INCOME

INSURANCE

INVENTORY

KNOWLEDGE

LIABILITY

LICENSE

LOAN

LOCATION

NAME

OPENING

PAYROLL

PERMITS

PLAN

PRODUCT

PROFIT

REGISTER

RESEARCH

REVENUE

RULES

SERVICE

STRUCTURE

TAXES

VEHICLE

ZONING

```
L I C E N S E L U R P P T G
L G R A N T S N G L E V K N
O X O J P E C N A R U S N I
I R L A E D I I N M R Y I O D
Y O G G Q C T I S E R E W L
A C N N N U T A M T O R L I
P A I A I S I P L S T U E U R
R T N R Z T L P S I N T D B
O I E E E O N T M G E C G V
F O P V Y M N U M E V U E E
I N O E K E O I O R N R M H
T J E N M R B C N C I T A I
I S A U R S U I N G C S N C
M B C E O Y T I L I B A I L
B O H C R A E S E R V I C E
D U Z P R O D U C T A X E S
```

Solution on Page 314

AIR

BALLOON

BLIZZARD

BLOW

BREEZE

CHILL

CLIMATE

CLOUDS

COLD

COOL

CYCLONE

DIRECTION

DRAFT

ELEMENT

ENERGY

FAN

FLOW

GAS

GUST

KITE

MONSOON

MOTION

MOVEMENT

NATURAL

NORTH

OCEAN

POWER

SKY

SPEED

SQUALL

STORM

STRENGTH

STRONG

TORNADO

TURBINE

TYPHOON

WAVES

WEATHER

WEST

WIND SOCK

```
H J J I R Y T R E W O P D S
D T S U G W Y A L M W G P E
G K Y R Z O P P E N E D M V
T K E D C L H M M A A L R A
S N D R L B O U E T T O O W
E T B A L L O O N U H C T I
W N U F C L N O T R E K S N
M Q O T B L I Z Z A R D O D
S O A L A T I F N L O O C S
C F V P C G X M A E S B T O
L N L E N Y R I A N D R O C
O O R O M R C L O T E E R K
U I R W W E L M G N E E N D
D T U R B I N E G A P Z A Y
S O V I H K I T E Z S E D U
N M K C E F H G O H T R O N
```

Solution on Page 314

BED
BLANKET
BLINDS
BOOK
BRUSH
CARPET
CHAIR
CHEST
CLOSET
COMFORTER
CORKBOARD
COVERS
CURTAIN
DECORATED
DESK
DOOR
DRAPES
DRAWERS
DRESSER
FUTON
GUEST
LAMP

MASTER
MATTRESS
MIRROR
PAJAMAS
PHOTOS
PILLOW
POSTERS
PRIVACY
QUILT
READ
RELAX
SERENE
SHEETS
SLEEP
SLIPPERS
TABLE
VANITY
WINDOW

In Your Room

```
P M S R E T S O P E D C R A
M I A E W D E T A R O C E D
A R Y T I N A V A P E E L S
L R J R T C L O S E T Q A H
C O T O Z R B R U S H G X E
V R S F K K E B U R T D D E
U P E M R E S S E R D R W T
B P H O T O S T S D A A Q S
K O C C I S S D R W N P U R
W P O B L A N K E T X E I E
O D R K M M W R P S S S L V
D F A I J A S C P J K E T O
N U E E V J H N I A T R U C
I T E P R A C B L I N D S G
W O L L I P C L S E R E N E
C N Z R O O D Y E L B A T E
```

Solution on Page 314

PUZZLES • 129

ANIMALS

ART

BALANCE

BLEND

CANVAS

CHALK

CHILDREN

COLORS

COMPOSITION

CONTENT

CRAYON

CREATIVE

DEPTH

DESIGNS

DEXTERITY

DIMENSIONS

DISTORT

DOODLE

DRAW

ERASER

FORMS

FUN

GRAPHITE

GRID

HUES

IMAGES

INK

MEDIUMS

OBJECTS

PASTELS

PEN

PICTURE

SCALE

SKETCH

SKILL

SMUDGE

STILL LIFE

SUPPLIES

TECHNIQUES

TRACE

```
H C T E K S M U D G E S I N
D S N E L A C S K I L L M E
I M E D I U M S L E T S A P
E B T U C R E A T I V E G I
T T N B H J S M R O F C E C
I E O D I M E N S I O N S T
H E C N A L A B L M U E E U
P W K H D S L L P F S R I R
A R T O N E L O J N R D L E
R C D S N I S A G Z R L P L
G R I D T I Q I M A C I P D
T A S S T M S U W I A H U O
R Y T I R E T X E D N C S O
A O O R D E P T H S V A P D
C N R S R O L O C H A L K R
E S T C E J B O R E S A R E
```

Solution on Page 314

ART

BLING

BOATS

BRACELET

CAKES

CANDY

CASTLE

CHINA

CLOTHES

CROWN

CRYSTAL

DESIGNS

DINNER

DRESSES

EVENT

FUR

GALA

GOLD

GOWN

HATS

HOMES

JETS

JEWELRY

LACE

LOBSTER

MANSION

PLANES

PREMIER

PROMS

RINGS

SATIN

SHIPS

SHOES

SILK

SUIT

TUXEDO

WATCHES

WEDDING

WINE

YACHTS

```
N S W D K S U I T H C K N P
A H L Z P I E T R A A Y W L
A O R I B A C L L J E T S Q
G E H E L W W A T C H E S Q
O S G N I R G T S E N A L P
Y H B L N M D S M T G O W N
P S R K G I E Y O D L M E I
K U A E N H S R R E V E N T
F A C N T J I C P X F G I A
K A E O L E G N I D D E W S
L R L O P W N O I S N A M T
I C E D R E S S E S S X V A
S P T E Q L O B S T E R K N
P M E X C R O W N N K K Y I
E Z L U A Y A C H T S E A H
B O A T S E M O H Y D N A C
```

Solution on Page 315

ADVICE

CALL

CAPSULES

CHEMISTRY

COUNTER

DISPENSE

DOCTOR

DOSE

DRUG

FILL

GENERIC

HEALTH

HELP

HOSPITAL

INSURANCE

LICENSED

MORTAR

NURSE

ORDER

PATIENT

PHARMACIST

PHYSICIAN

PILLS

PROFESSION

REGULATION

SAFE

SCIENCE

SERVICE

SICKNESS

SUBSTANCE

TABLET

THERAPY

TRAINING

TREATMENT

VITAMINS

WALGREENS

WELLNESS

See the Pharmacist

```
S N I M A T I V H E A L T H
F D O S E P T N E I T A P E
N R I I G N I N I A R T R L
S U B S T A N C E L L I F P
E G R E P A D V I C E P T P
L E O S W E L L N E S S R H
U C T R E T N U O C A O E A
S I C K N E S S G F F H A R
P V O W A L G R E E N S T M
A R D C H E M I S T R Y M A
C E C N A R U S N I Z Z E C
A S N A I C I S Y H P Z N I
L R E D R O Y P A R E H T S
L I C E N S E D T A B L E T
M G E N E R I C M O R T A R
N P I L L S C I E N C E D M
```

Solution on Page 315

ART

BEAUTIFUL

BOOK

BROWNIES

CHILDREN

CREATURE

DUST

ELF

ETHEREAL

FANTASY

FICTION

FLY

FOLK

GLITTER

GNOME

GOBLIN

GODMOTHER

GOOD

HIDDEN

LEGEND

LITERATURE

MAGIC

MYTH

NATURE

NYMPH

PETER PAN

PIXIE

QUEEN

SMALL

SPIRIT

SPRITE

STORY

TALE

TINY

TOOTH

VICTORIAN

WAND

WINGS

WISHES

WOODLAND

```
R E H T O M D O G W F L E C
Q R F D O O G L I T T E R E L
L U F I T U A E B M S T U C
N T I R I P S T O O T H T E
M A G I C E S P R I T E A G
L R P M F W A N D Q F R N T
F E Y R C R E A T U R E R T
V T G H E H Y S A T N A F I
H I D E I T I A G O B L I N
F L C U N D E L S M A L L Y
E L V T S D D P D E M O N G
L I Y R O T S E C R H H R B
A K X B B R O W N I E S Z N
T N O I T C I F D S G N I W
F O L K P D N A L D O O W W
K G S G H P M Y N E E U Q W
```

Solution on Page 315

ACCOUNT

AMOUNT

BANK

BILL

BLANK

BOOK

BOUNCE

BUSINESS

CASH

CERTIFIED

CHANGE

COMMERCIAL

CREDIT

DATE

DEBIT

DOCUMENT

DRAFT

ENDORSE

FEES

FINANCIAL

FORGE

FRAUD

FUNDS

INSTRUMENT

LEDGER

MAIL

MONEY

NOTE

NUMBER

PAY

PERSONAL

PURCHASE

RENT

ROUTING

SALARY

SEND

SHOPPING

SIGN

TRANSFER

WRITE

Bank Account

```
E S G C C H A N G E T I R W
G C A C N M O N E Y A P I N
S S N L O O G N I P P O H S
H D E U A M T S N T F A R D
S G N N O R M E S N R I E Y
I T T U D B Y E T U A W G A
G T N T F O Y F R O U O D D
N I E R Q I R F U C D L E V
U B M A E R N S M C I I L L
J E U N T S O A E A F A B L
W D C S U N A U N I D M L I
R Z O F I M E H T C K N A B
D B D E W N B R C I I D N O
A F O R G E E E O R N A K O
T I D E R C Q S R E U G L K
E H V W L A N O S R E P F Z
```

Solution on Page 315

ACTOR

ADELE

ATHLETE

AUTHOR

BECK

BIEBER

BIOGRAPHY

BONO

CHER

COOLIO

DANCER

ELVIS

EMINEM

ENYA

FAMOUS

GLAMOROUS

GOMEZ

GOSSIP

HATHAWAY

HEIRESS

HOLLYWOOD

JOLIE

LADY GAGA

LALAINE

MADONNA

MOBY

MOVIES

MUSIC

NICHOLSON

OLYMPIAN

POPULAR

PUBLIC

RICH

RIHANNA

SINGER

SPORTS

STAR

TABLOID

THEATER

TRENDY

```
A U T H O R O T C A R I C H
E G E S U O M A F G O M E Z
X L A Q E E U P O P U L A R
G E V G N I R A T S B O N O
S T N I Y G V C I S U M N Y
I H M Y S D O O W Y L L O H
N E N I A L A L M C B F D P
G A N I C H O L S O N O A A
E T S A N N A H I R G H M R
R E C S I S U O R O M A L G
E R O I E P U K S C T T S O
C J O A L R M S X H R H T I
N O L D T B I Y L E E A R B
A L I E W P U E L R N W O E
D I O L B A T P H O D A P C
E E R E B E I B J Z Y Y S K
```

Solution on Page 316

BIKES

CARS

CATS

CITY

DINING

DOGS

FAMILY

FENCE

FLOWERS

FRIENDS

GAMES

GARAGE

GARDEN

GRASS

HOME

HOUSE

KIDS

LAWN

LIBRARY

LIFE

LIGHTS

MAILBOX

NOISE

PARK

PATHS

PEOPLE

PETS

PLANTS

POOL

POSTS

ROAD

SAFETY

SCHOOL

STORE

SUBURB

TOWN

TREE

TRUCKS

WATCH

YARD

```
S Y K M C A D S E H D O R Y
E S C I Z N D M C L O O P P
X N T D O W M A I H N U G R
B Y L I M A F Z O W O R S S
E R E F I L S T O R E O T E
C A U P E T S T Q X W A L K
N R F B H Z G Y N A C P T I
E B Y G U S Z C T N O E R B
F I I A T S T C O E E K U F
R L X S R D H I P D F Z C V
I Y O S L D S S A R G A K I
E P B W I E C P L A N T S Z
N K L N E G A R A G T H E X
D T I B V R R I U R T O M K
S N A D M D S R E A K M A V
G B M O S F N E P S X E G I
```

Solution on Page 316

AGING

BINGO

CALCIUM

CANE

CENTER

CHECKERS

DENTURES

DISCOUNT

ELDERLY

EXPERIENCE

EYEGLASSES

FALSE TEETH

FAMILY

FRAIL

GERIATRIC

GRAY HAIR

HEARING AID

HIP

HOME HEALTH

LIVER SPOTS

MEDICARE

OLD

PENSION

REMINISCE

RETIRE

SUN SPOTS

TRAVEL

VACATION

VITAMINS

WALKER

WELLNESS

WHEELCHAIR

WRINKLES

Solution on Page

```
U W D E N T U R E S F O V R
Y L R E D L E I C T W G I E
C E N T E R R A N O N N T K
F A M I L Y A H E P O I A L
T G L H N J C C I S I B M A
E I H C O Z I L R N T D I W
Y N G T I M D E E U A I N E
E G P R E U E E P S C S S L
G E E A A E M H X F A C R L
L R N V K Y T W E R V O E N
A I S E D H H E N A C U K E
S A I L I D B A S I L N C S
S T O P S R E V I L Q T E S
E R N D I A G N I R A E H T
S I W R I N K L E S B F C R
E C S I N I M E R E T I R E
```

Solution on Page 316

BABBLE

BANTER

CHATTER

CHITCHAT

CONFESS

CONVERSE

DIALOG

DISCUSS

DIVULGE

DRAWL

ENGAGE

FRIENDS

GOSSIP

HUMAN

INFORM

JOKE

LEARN

LECTURE

MESSAGE

MOCKING

NATTER

NOISE

NOTIFY

PRATTLE

RANT

SECRETS

SHARE

SHOUT

SOCIAL

SPEAK

TEACH

TELL

TONE

TOPIC

UTTER

VERBAL

VOCAL

VOICE

WORDS

YAMMER

```
O T N E R A H S E C R E T S
Q O A N A Z G U D I A L O G
S P M O N P R O L L E T L K
U I U T T W N E S C W T E W
I C H I T C H A T S Z A A O
O O F F B M O U T T I R R R
V N F Y A F R N U T A P N D
J F Q V B E G O V Z E H X S
O E R O B A H N F E T R C D
K S Z I L S D H I N R K I H
E S V C E T E I C K I S K G
U N R E T N A B V A C A E L
T O O R G E D U H U E O D A
T I L A I C O S S P L T M C
E S G V E G A S S E M G P O
R E M M A Y Y Z L A B R E V
```

Solution on Page 316

ATHLETES	PROTEIN
COURSE	RACE
DRINK	REHEARSAL
EVENT	RESULTS
EXERCISE	ROUTE
EXHAUSTION	RUN
FALL	SHOES
FANS	SNACKS
FINISH	SOCKS
FIRST AID	START
GUN	STRETCH
KILOMETERS	SWEAT
LINE	TIME
MILES	TRAIN
MINUTES	WALK
NUMBER	WATCH
OLYMPICS	WEEKS
PACE	WINNER
PAIN	
PARAMEDICS	
PINS	
PLACE	

```
N R E B M U N W S L K M F Z
S I E V E N T T H K N I R D
U N A S T A R T O M N L O R
I N I R U E Y E E I F E L E
N I A P T L F V S I X S Y H
K E T C T Q T H R R E N M E
A T H L E T E S U X U Z P A
R O U T E G T N H G T O I R
A R B C P A R A M E D I C S
C P A M I N U T E S I I S A
E P R D E S I C R E X E N L
M S R E T E M O L I K N A L
I J K I N H C T A W N I C A
T U O C D N T A E W S L K F
S N A F O E I K L A W Q S I
F W E E K S E W U P L R A C
```

Solution on Page 317

BABYSITTING

BATHROOM

BED

CHART

CLEAN

DAILY

DINNER

DISHES

DRY

DUSTING

FEED

FOLDING

GARBAGE

GARDEN

GROCERIES

HOE

IRONING

KITCHEN

LOAD

MEALS

MOP

ORGANIZE

PAINTING

PETS

PLANT

PLOW

RAKING

RECYCLING

SCOOP

SCRUB

STACK

TRASH

TRIMMING

VACUUM

WALKING

WASH

WATER

WEED

WIPING

```
B U R C S S U Z D D G M A O
L C H E O G N I K L A W B Y
T H X C N O L F T D R A L T
G A R D E N L O R R B I H A
N R T K G S I L A Y A T O R
I T D R N R E D S D G S E E
P C U R I G U I H E E S Z C
I B S A T M T N R H T I I Y
W N T K N T M G S E R M N C
O X I I I B T I P O C O A L
L K N N A T D M N Z S O G I
P C G G P U C I U G E R R N
W A T E R L N H B U R H O G
E T C P E G D E E F C T R X
E S L A E M O P D N W A S H
D T N A L P O O C S F B V G
```

Solution on Page 317

BALMORAL

BASEBALL

BEANIE

BELLHOP

BERET

BIRETTA

BONNET

BOONIE

BOWLER

BRIM

BUCKET

BUSBY

CAP

CLOCHE

COIF

COWBOY

DERBY

DUNCE

FEZ

FLOPPY

GARBO

GATSBY

HAT

HOMBURG

HOOD

MILLINER

NEWSBOY

PANAMA

PARTY

SAILOR

SISAL

SOMBRERO

STETSON

TOP

TRAPPER

TRICORN

TRILBY

TURBAN

YARMULKE

Solution on

```
S I S A L U C Y O F W N B X
N R O C I R T E Y P P O L F
S A I L O R C O I F N P A C
T U R B A N C O P N Y M B C
T D A P L L A B E S A B U Y
R T P G L H A T O N R E S B
R E N I L L I M A Z M I B S
R R Z Z M O B P P G U T Y T
P E H O K R P O H L L E B A
F B R N E W S B O Y K T I G
C A Y R V O P A E B E B R I
L N O S T E T S I R Y U E P
O Y B L I R T J N I B C T T
C H W L G A R B O M R K T F
H O O D R E L W O B E E A V
E E C N U D V H B G D T Z D
```

Solution on Page 317

APPLE	MUSTARD
BARBECUE	PAN
BOLOGNESE	PESTO
BROWN	PIZZA
BUFFALO	RANCH
BUTTER	RED
CARAMEL	RICH
CHEF	SALSA
COOKING	SAUCIER
CURRY	SOY
DUCK	SPICE
FLAVOR	STEAK
FOOD	TABASCO
GARLIC	TARTAR
GRAVY	TERIYAKI
HERBS	THICK
HOT	TOMATO
ITALIAN	WHITE
KETCHUP	
LIQUID	
MEAT	
MUSHROOM	

```
X X J T S T E A K C U D S R
P R N A I L A T I F M B E E
N Z L F K A P P L E R S C D
K S O L A F F U B E D A I O
A K R A Y R E H H R N U P O
G C U V I E O H A C Q C S F
U I L O R T J T C I T I J P
J H E R E T S S L Q Z E B E
P T M U T U H V H O P R K S
Y J A U M B C O O K I N G T
N V R T S U N E C V Z A C O
Y D A H R H A J B S Z P I T
Q E C R A T R A T R A L L A
M I Y D G B R O W N A B R M
R O Z E S E N G O L O B A O
S B T E T I H W K M W A G T
```

Solution on Page 317

BASKETBALL

BASS BOAT

BATHING SUIT

BINOCULARS

CANOE

CLEATS

DUMBBELLS

FISHING POLE

FRISBEE

GLOVE

GOALS

GOGGLES

GOLF BALL

HAT

HELMET

HOCKEY STICK

JUMP ROPE

KAYAK

LEOTARD

MOUTH GUARD

NET

PADS

PARACHUTE

PUCK

RACKET

SHIN GUARDS

SKATES

SKIS

SOCCER BALL

SWEATBANDS

TENT

WATER BOTTLE

WICKET

Sports Equipment

```
P B C S T A E L C J S T K L
A I F E E H L G U H I A H E
R N R T N L O M I U Y S S O
A O I A T A P N S A K D O T
C C S K L R G G K I K N C A
H U B S O U N W S C E A C R
U L E P A I I A I T N B E D
T A E R H C H T S O A T R T
E R D T K D S E E S P A B S
K S A E A Y I R S P U E A E
C B T Z E H F B Z G C W L L
A G C K S F O O H Z K S L G
R L C L L A B T E K S A B G
X O Y Y T Z U T E M L E H O
H V Z D L O L L A B F L O G
D E D U M B B E L L S D A P
```

Solution on Page 318

ADDITION

APARTMENT

ARCHITECT

BARN

BLOCKS

BUSINESS

CEILING

CHURCH

CITY

CODE

COMPANY

DESIGN

DWELLING

ELEVATOR

ENGINEER

ESCALATOR

FLOOR

FRAME

GLASS

HABITAT

HALL

HOME

HOUSE

LUMBER

MASONRY

MATERIAL

OCCUPANCY

OFFICE

PAINT

PEOPLE

ROOF

SECURITY

SHELTER

STEEL

STORE

TALL

TOOLS

WALL

WOOD

WORK

```
M C K T N I A P L U M B E R
C C I Y N Y P E O P L E O E
O H E T T E N S S S K C M T
D H U I Y O M A T E R I A L
E A O R L E O T P A O F S E
W Y C U C I S L R M W F O H
A S C C S H N C S A O O N S
L T U E S E H G A T P C R F
L E P S H I H D T L O A Y L
A E A S T A D W E M A R F O
T L N E A I L E M O H T E O
G S C N T J E L E V A T O R
N T Y I I L B L O C K S J R
H R O S B N G I S E D O O W
R N A U A E E N G I N E E R
I H E B H E N G R O O F V O
```

Solution on Page 318

AMARYLLIS

ASTER

BLOOMING

BLOSSOM

BOUQUET

BOWS

CORSAGE

CUT

DAFFODIL

DAISY

DECORATE

DELIVERY

DESIGN

FLORIST

FLOWERS

GARLAND

GERANIUM

GIFTS

GREEN

HYACINTH

IRIS

LILIES

LOVE

MARIGOLD

ORCHID

PEONY

PETALS

PETUNIA

PICKED

PLANT

PURCHASE

RIBBON

ROSES

SMELLS

TULIPS

VASE

VIOLET

WATER

WEDDINGS

WREATH

Solution on P

```
P L A N T E U Q U O B M S R
Y O N R C U T D T T P U A E
S N I G I S L A T E P I S T
M T O Y I B N F R L U N T A
E O S E R S B F O O R A E W
L S S I P E E O Q I C R R K
L G I S R V V D N V H E H N
S N B L O O M I N G A G D O
P I I C L L L L L T S N F R
I D A I S Y B F H E E E L C
L D L O G I R A M U D E O H
U E H T N I C A Y H S R W I
T W S E I L I L M I S G E D
E S A V D N A L R A G L R C
R O S E S T F I G B O W S A
K G A I N U T E P I C K E D
```

Solution on Page 318

BLADE	PLANT
BUCKET	POST
BURY	POWER
COAL	PRODUCTIVITY
CONSTRUCTION	SAND
DIG	SCOOP
EQUIPMENT	SHARP
GARDEN	SHED
GRAVE	SNOW
GROUND	SOIL
HAND	SPADE
HOE	SQUARE
ICE	STEAM
LANDSCAPE	TOY
LIFT	TRENCH
LOADER	TROWEL
MANUAL	WOOD
METAL	YARD
MOVE	
MUD	
ORE	
PIT	

```
G V R N K P O S T T W H Y Y
I M X M U D P K F S N O W A
L Y C W E X S G I D T E O R
M R O D P T Z H L N E E D D
C E N S A G A S A V J E A D
B W S C C R K L O R H H P M
U O T O S O P M C S P A D E
Y P R O D U C T I V I T Y M
A U U P N N K R I L E S T B
Q I C G A D X G A K H Q R L
Y O T A L W R U C H A U O A
P M I R L A N U S C N A W D
E R O D V A B B O N D R E E
J T N E M P I U Q E N E L C
S I I N P U F R R R A Y N I
R P T Y N S B Y N T S O I L
```

Solution on Page 318

ACTIONS

ADDRESS

BEHAVIOR

CAREFUL

CHARMING

CIVIL

COMPANY

CONDUCT

CORRECT

DECORUM

EATING

FORMAL

FRIENDLY

GIFT

GRACEFUL

GRACIOUS

GREETING

GUEST

HUMBLE

KIND

MEALS

PLEASE

POISE

POLISH

PRAISE

PRIVACY

PROPER

QUEUE

RUDE

SOCIAL

STYLE

SUBTLE

SWEET

TACTFUL

THANKS

TIDY

TIPPING

TONE

TURN

VIRTUE

Solution on

```
E L T B U S L A E M L F F M
U Q O H S O P O L I S H A G
T U N U T C E R R O C L N J
R E E M Y I O T I P P I N G
I U Y B L A S N H V T V I O
V E D L E L P N D A A I L L
G S G E D N I K E U N C S U
G N N O Y N A P M O C K Y F
R O I V A H E B Y D I T S T
A U T M A C T I O N S M Z C
C E E F R S S E R D D A A A
I S E S I A R P T F H R H T
O I R M T G H E S A E L P S
U O G U G R A C E F U L B X
S P R O P E R M U R O C E D
T N F O R M A L G S W E E T
```

Solution on Page 319

ANTIQUES

APPLIANCE

BOAT

BRACELET

BUSINESS

CAR

CHOCOLATE

COLOGNE

COMPUTER

DIAMOND

EMERALD

ESTATE

FERRARI

FINE ART

FLOWERS

GOLD

HORSE

HOUSE

JET

LAND

LEATHER

NECKLACE

PAINTING

PET

PHONE

PIANO

POOL

PURSE

RING

ROLEX

ROSES

SILK

SPA

TABLET

TRIP

TRUFFLES

VILLA

WATCH

WINE

YACHT

```
C H T H C A Y K E N I W T P
J J W E J G P J F N X X O U
S S E N I S U B L E E O T M
S E L F F U R T O C L P W J
Q P U R S E W D W K O I G U
O P A Q H I L M E L R A N Z
C C A T I A L T R A E N I F
T H A I R T M K S C T O R J
E E O E N M N P N E U C A E
L F M C N T A A P H P I R T
B E D L O G I D N O M A I D
A R S D V L O N I R O S E S
T R N T P I A L G S C V B O
B A Q P A F L T O E N O H P
L R A W B T E L E C A R B D
J I H O U S E W A T C H M N
```

Solution on Page 319

ABRASION

BEACH

BREAKDOWN

CHANGE

CLIMATE

COLLAPSE

DAMAGE

DELTA

DEPOSITS

DIRT

DROUGHT

EARTH

ECOSYSTEM

FARMING

FLOOD

GEOLOGY

GLACIERS

GRASS

GROUND

GULLY

HILL

ICE

LAND

LOGGING

MINERALS

NATURE

PEBBLES

RAIN

RIVER

ROCK

ROOTS

RUNOFF

SAND

SEDIMENT

SILT

SOIL

SOLIDS

WATER

WEATHER

WIND

Solution on Page

```
L S I C E G A M A D U B P Y
T Z T A N S N A T U R E P L
M L R O W D P C W H B A A L
G T I N O I S A R B A C T U
H D V S D R W M L K O H L G
B X E L K T I E K L C W E N
S S R M A N S A N D O O D I
D P T N E M I D E S L C R G
I L F R R T J X R O D S W G
L C A E B C S F G O T N E O
O L R T G H R Y F I U L A L
S I M A R A I N S O I G T L
S M I W O N P O L O N T H Y
A A N I U G P J S L C U E T
R T G N N E G L A C I E R S
G E R D D O O L F H A H D E
```

APPEAL	JUDGE
ATTORNEY	JURY
AUTHORITY	JUSTICE
BAR	LEGAL
BENCH	PLAINTIFF
CASE	PRESIDING
CIVIL	PROSECUTE
COURTROOM	SENTENCE
CRIMINAL	STATE
DEFENSE	SUBPOENA
DISPUTE	SUMMONS
DOUBT	TESTIMONY
EVIDENCE	TRIAL
FAIR	TRUTH
FEDERAL	VERDICT
FILES	VINDICATE
GALLERY	
GAVEL	
HANDCUFFS	
HEARING	
HOSTILE	
IMPARTIAL	

```
L E G A L L E R Y E G D U J
E Y E N R O T T A E I H U S
V L M T G N I D I S E R P E
A I T O R R J E P N Y F R N
G V E T O U I U W E G I O T
N I S H S R T A S F V L S E
I C T T Y E T H F E I E E N
R U I L F E F R F D N S C C
A C M A A L F L U D D U U E
E V O R N I I A C O I M T V
H E N E E T T I D U C M E I
C R Y D O S N R N B A O S D
N D I E P O I T A T T N A E
E I D F B H A R H P E S C N
B C W U U H L A N I M I R C
E T A T S A P P E A L I D E
```

Solution on Page 319

ANCESTOR

AUNT

BLOOD

BOY

BROTHERLY

BUDDIES

CAMARADERIE

CLOSE

CONNECTED

DISTANT

FAMILY

FAVORITE

FIRST

FOURTH

FRIENDSHIP

FUN

GAMES

GENERATION

GIRL

HALF

KIN

MATERNAL

PEERS

PLAYMATES

RELATION

REMOVED

REUNION

SECOND

STEP

THIRD

TOGETHERNESS

VISIT

WILL

172

```
I T H I R D E Y K W I L L Q
S F O U R T H F L Q R S T J
J E D G C A A V N I R P S H
G T C O E V L U G E M L R H
A M F O O T F X E G T A I Z
M I R R N L H P N B O Y F K
E P I D B D B E E L G M E R
S T E I R E D A R A M A C H
E I N S O T E N A N R T C A
I S D T T C U C T R E E L R
D I S A H E S E I E L S O W
D V H N E N P S O T A M S F
U T I T R N D T N A T T E S
B K P N L O W O F M I Y N U
I K C U Y C W R E M O V E D
V M C A J Q E N O I N U E R
```

Solution on Page 320

BEACH

BULLION

BURIED

CASH

CAVE

COINS

FORTUNE

GEMS

GOLD

GUARDED

HEAVY

HIDDEN

HOARD

HOLE

JEWELRY

KEY

LOOT

LOST

MAP

METAL

MONEY

NUGGETS

OCEAN

OPALS

PEARLS

PIRATE

PRIZE

RICHES

RINGS

ROCK

RUBIES

SAND

SEA

SHIP

SILVER

STASH

STEAL

STURDY

WEALTH

WOODEN

```
Y H I L A E T S I L V E R H H
U O X F A L W B E R E H I E
I L G O L D P S I H S C C W
D E D R A U G N T C L M H V
Y M S T E G G U N A S O E T
E V K U H S F B B E S T S G
N V A N O I L L U B A H N T
O N J E W E L R Y R Z H I G
M A P M H A M D I H I P O P
K L O O T N R P N D O E C Q
C A V E H U S K D A P A D H
O R M D T O C E A N S R R U
R I P S L B N Y I H D L P D
Q Q S L A P O G M B W S E A
A M H N E D O O W H U L F O
N Z W Z W I L B E Z I R P X
```

Solution on Page 320

ANIMALS

ART

BALL

BATS

BIKE

BLOCKS

BOOKS

BOXES

BUS

CHESS

COMPUTER

COWBOY HAT

CRAFTS

CRAYONS

DIRT

DOLL

ELECTRONICS

FIGURES

GAMES

IMAGINATION

JUNGLE GYM

LEGOS

MUSIC

PAN

PLANE

POGO STICK

PUPPET

PUZZLE

REMOTE

SHOVEL

SLIDE

SPOON

STICKERS

SWINGS

TEA SET

TOY

TRAIN

TRIKE

TRUCKS

WAGON

```
B A T S W I N G S T F A R C
T C U H C O L T R I K E Q I
T R A V G K I L E G O S Q S
C A A A Z C L R A P V K K E
P Y W I K I E M C B P C C M
Z O I E N T V Y O C O U Q A
M N R M U S O G W L D R P G
U S E P A O H E B T B T A N
S K M U H G S L O E S X N O
I O O Z O O I G Y A E S I O
C O T Z S P D N H S R S M P
V B E L V X I U A E U E A S
B O X E S F R J T T G H L L
U I E L E C T R O N I C S I
S S K D O L L Y B Z F O F D
B W G E J M H H G P L A N E
```

Solution on Page 320

ALLSPICE	MUSTARD
ANISE	NUTMEG
BASIL	ONION
BAY LEAF	OREGANO
CARAWAY	PAPRIKA
CARDAMOM	PARSLEY
CATNIP	PIMENTO
CAYENNE	RELISH
CHICORY	ROSEMARY
CHIVES	SAFFRON
CHUTNEY	SAGE
CINNAMON	SALT
CLOVES	SAVORY
CUMIN	SORREL
CURRY	TARRAGON
DILL	TURMERIC
FENNEL	VINEGAR
GINGER	
GINSENG	
LICORICE	
MACE	
MARJORAM	

```
L F O N C Y S A F F R O N I I
I E N U X H R D S E V O L C
S N I T F Y U O R A M O I U
A N O M A G R T C A V C Y M
B E N E E R I A N I T O R I
V L A G L C R N M E H S R N
I M G A Y D I A S E Y C U Y
N T E S A C N P G E S A C M
E U R M B I C A S O N O C Y
G R O S S S A B K L N G R E
A M T E C I R O C I L N M L
R E N V A M A R O J R A M S
L R E I T A W T L A S P A R
L I M H N C A Y E N N E A A
I C I C I E Y G I N G E R P
D G P K P H S I L E R R O S
```

Solution on Page 320

ABDUCT	PILOTS
ALIEN	RADAR
ANOMALY	ROSWELL
ANTENNA	SAUCER
ARIZONA	SECRET
CIRCLES	SETI
CLOUDS	SHINY
COMETS	SHUTTLE
CRASH	SIGNS
FEAR	SKY
FLASH	SPACE
FLYING	STRANGE
HOAX	STREAK
HOVER	STROBE
INVADE	STUDY
LAND	TRAVEL
LIFE	UFOLOGY
LIGHT	UNUSUAL
MANTELL	
METEORS	
MYSTERY	
NIGHT	

```
S P L L E T N A M Z M R K P
S H I N Y R W N L E V A R T
G Q F L J D A N T A G A A H
L F E R O S W E L L N N D G
E S L U Y T O T F O I G A I
B C T A F R S N M G Y S R L
O O C U S O E A H A L E B R
R M T B D H L T N Z F L E E
T E E V I Y U O S O X C G V
S T R E A K G T G Y Z R N O
P S C L O U D S T Y M I A H
A D E U N U S U A L N C R S
C R S V D N A L W W V E D T A
E E Y J G B I X A O H V S R
M I K I I E A D X U P S S C
K D S Y N R E C U A S E T I
```

Solution on Page 321

ACTIVIST

AMERICAN

ANNE MORROW

ARMY

ATLANTIC

AUTHOR

AVIATOR

BABY

BARNSTORMING

CELEBRITY

CHILD

COMMERCIAL

CRASH

EXPLORER

FAMOUS

FIRST

FLY

FRANCE

HAUPTMANN

HERO

HISTORY

INVENTOR

KIDNAP

LANDING

LINDY

LONE EAGLE

LUCKY

NEW YORK

OCEAN

PARIS

PILOT

PIONEER

PLANE

RADIO

RANSOM

RECORD

SKY

SOLO

SPIRIT

WAR

Lucky Lindy

O S I R A P L M O S N A R T
I O P Y I A U T H O R Y A S
D C T I N N E W Y O R K W R
A E H D R X V Y B A B S S I
R A I E W I R E C O R D H F
G N I M R O T S N R A B A C
G E X P L O R E R T M M U O
A A C R A S H R C P O L P M
R C H A Q T D E O U R R T M
M T I L M O L O S M E L M E
Y I L O N E E A G L E I A R
L V D Z B T R G N K N N N C
U I Y R O T S I H T O D N I
C S I L F R A N C E I Y O A
K T I R O T A I V A P C L L
Y P L A N E R K I D N A P F

Solution on Page 321

ACADEMICS

ADJUNCT

ADVICE

AFFILIATE

ASSISTANT

AUTHOR

CAMPUS

CAREER

CLASSROOM

COLLEGE

COURSE

DOCTOR

EDUCATES

ESSAYS

EVALUATES

EXAM

EXPERT

FACULTY

FAIRNESS

GRADES

GUIDES

HEAD

INFORMED

JOURNALS

LABS

LECTURE

LESSONS

MENTOR

OFFICE

RESEARCH

SEMINAR

SKILL

STUDENTS

TEACHER

TERM

THEORIES

TRAIN

WRITING

Solution on Page

Professors

```
T W L L I K S C A R E E R R
O S R R R E H C A E T Y X O W
F E S I S C W M M R T A S A
F T J S T N T P O E L M E U
I A T O E I O U O P U I T T
C C C E U N N S R X C N A H
E U N A S R R G S E A F U O
S D U H D R N I S E F O L R
S E J R C E U A A I L R A A
A G D R T R M O L F A M V N
Y E A O U R A I C S A E E I
S L L T D O A E C I V D A M
B L T N A T S I S S A B O E
A O E E E C S T N E D U T S
L C R M H O T H E O R I E S
Y Y M S E D A R G U I D E S
```

ANALYST

ASSISTANT

BENEFITS

BUSY

CHAIRMAN

CLIENTS

COMPANY

CONFERENCE

CUBICLES

DIVISIONS

FIRED

FORMAL

GUIDELINES

HIERARCHY

HIRED

MAIL ROOM

MANAGEMENT

MANNERS

MESSAGES

MISSION

PRESIDENT

PUBLIC

RESEARCH

RESPECT

RETREAT

RULES

SECRETARY

STRUCTURE

STYLE

SUIT

SYSTEMS

TELEPHONE

TIE

TRAINING

```
B R U T S P G S R E N N A M
E C E C N E R E F N O C E A
N S H S A E N E D E R I H I
E S T A E N M I S S I O N L
F R I S I A A E L I U W Z R
I T U Z Y R R L G E D D E O
T E S T H S M C Y A D E E O
S L E L C R T A H S N I N M
T E L A R U N E N S T A U T
R P C M A L R O M I C Y M G
A H I R R E I T B S E Y L O
I O B O E S T U S T P X W E
N N U F I T S E G A S S E M
I E C V H Y A S T N E I L C
N C I L B U P R E T R E A T
G D C O M P A N Y D E R I F
```

Solution on Page 321

ACADEMIC

ADVANCED

BLACKBOARD

BOOK

CLASS

COACH

CONTENT

CULTURAL

DEVELOP

DRILLS

EDIFYING

EDUCATE

EXAM

EXERCISES

EXPLAIN

HOMEWORK

IMPROVING

INSTRUCT

LEARN

LECTURES

LIBRARIES

MAGAZINES

MODEL

MUSEUM

PAPER

PENCIL

PRACTICE

PROFESSOR

QUIZ

RESEARCH

SCHOOL

SHOW

SKILL

THESAURUS

UPLIFTING

```
E W T G S E C I T C A R P K
F X L K N E D I F Y I N G D
X C E N O I I W M U E S U M
J L J R H O V R R E P A P K
G B L A C K B O A R D M E H
E N N E A I S S R R E A N C
D D I L O S S S S P B I C R
U E A T C L L E D O M I I A
C C L H F L N F S S S I L E
A N P E V I L O O H C S E S
T A X S Z R L R Y O Y K C E
E V E A X D D P N W M I T R
P D G U C U L T U R A L U N
D A K R O W E M O H X L R E
M Z I U Q N I P O L E V E D
Q I N S T R U C T C L A S S
```

Solution on Page 322

AVIATOR

BIFOCAL

BINOCULARS

BRIDGE

COLORS

CONTACTS

COSTLY

EYEPIECE

FRAMES

GLASSES

GOGGLES

HINGE

LENSES

LIGHT

METAL

MONOCLE

NECESSARY

NOSE PAD

OVAL

PILOT

PLASTIC

PRACTICAL

READING

RECTANGLE

RIMS

ROUND

SAFETY

SCREWS

SHADES

SIGHT

SQUARE

STATEMENT

TELESCOPE

TEMPLE

TITANIUM

TRENDY

TRIFOCAL

WAYFARER

```
M E S H A D E S J W L K C S
E G D I R B Y A P A I R L W
T N O S M I R F R Y G O A E
A I B G S C A E A F H U C R
L H F I G O S T C A T N O C
F Y B T N L S Y T R A D F S
R D I H E O E G I E V G I L
A N F G L R C S C R I L R T
M E O I P S E U A T A A T E
E R C S M B N C L Q T S S L
S T A T E M E N T A O S E E
P I L O T P S Q U A R E S S
Q L M U I N A T I T N S N C
N A D T G N I D A E R G E O
R V Y L T S O C I T S A L P
M O N O C L E Y E P I E C E
```

BEAR	MANE
BLANKET	MEMORY
BUNNY	MOSS
CARPET	PANDA
CHICKS	PEACH
CUB	PILLOW
DOG	PLANT
EARMUFFS	PONY
FEATHER	PUPPY
FELT	RABBIT
FLEECE	ROBE
FUR	RUG
GERBIL	SCARF
HAIR	SOCKS
HAMSTER	SWEATER
IDEAS	VELOUR
KITTEN	VISION
KIWI	YARN
LAMB	
LIGHTS	
LINT	
LOGIC	

Fuzzy Things

```
T M S O C K S G U R L A M B
K P Q G I R F S W E A T E R
M X K I W I F T E H K B M A
V D M Q I A U X P T L A O E
L T J K S H M Z A A N R R B
V L V A Y A R N N E U A Y R
B E G S X M A K D F B F Y P
V F L T G S E E A B P R P I
N F R O K T V C I I A B P J
F O D C U E A T L W R L U Z
R L I A S R T L K L A O P C
A H E S P N O M I N O O B P
C A O E I W C B T G N G L E
S M T L C V R D T Y H R I A
T X K S A E D I E C B T B C
J H J S G U E Y N N U B S H
```

Solution on Page 322

BILL
BUDGET
CABLE
CHECK
CITY
COMMERCIAL
COUNTY
CREDITS
CURRENT
CYCLE
DEPOSIT
DUE
ELECTRIC
ENERGY
FEE
GAS
METER
MONEY
PAYMENT
PHONE
PROVIDER
PUBLIC

RATES
REPAIRMAN
RESIDENTIAL
SATELLITE
SERVICE
SEWER
SURCHARGE
TAXES
TRASH
USE
UTILITIES
WATER

```
W K V S E X A T R A S H Y Z
A W I X U N C A B L E G T G
T E C Y Y S E P H O N E N B
E C I R T C E L E R E D U E
R E P A I R M A N E R D O Q
G E L U C J Z I S T G P C T
Z S C C A H S T A E Y A M U
H E E I Y W T N T M T X S S
X I G T V C I E E C I R P N
N T F R A R D D L Y R E U I
L I S C A R E I L E R D B K
H L E J H H R S I N B I L L
M I W W C E C E T O K V I P
C T E L A I C R E M M O C D
C U R R E N T K U F Q R K V
F P A Y M E N T I S O P E D
```

Solution on Page 322

ANTIGUA

ARUBA

BAHAMAS

BALI

BARBADOS

BEACHES

BERMUDA

BIKINI

BORA BORA

BRAZIL

CARIBBEAN

COCONUTS

CUBA

EASYGOING

ESCAPE

EXOTIC

FIJI

GETAWAY

HAMMOCK

HAWAII

HIBISCUS

HIKING

HULA

ISLAND

JAMAICA

LEI

MALDIVES

PARADISE

RESORTS

SERENITY

SWIMSUIT

TAHITI

THAILAND

TOURISM

TRAVEL

TROPICAL

VACATION

VANUATU

```
H I K I N G L I Z A R B T W
S T U N O C O C I T O X E S
H W B B O R A B O R A P O T
A D E I T O U R I S M D H R
M N A E T R O P I C A L X O
M A C L X I A A A B U R A S
O L H E X C H R R E B R T E
C S E V I D L A M P A E H R
K I S A B K B D T A B A A E
Y B M R H I B I S C U S I N
A A E T I I U S W S C Y L I
J H W R I S W E P E Y G A T
A A F A M V A C A T I O N Y
L M W I T U B I K I N I D X
U A W J J E D U T A U N A V
H S B A L I G A N T I G U A
```

Solution on Page 323

BOUTONNIERE

CHAPERONES

CORSAGE

COUPLES

CUMMERBUND

CURFEW

DANCE

DATE

DINNER

DRESS

EXPENSIVE

FLOWER

FOOD

FORMAL

HAIR

JEWELRY

JUNIOR

KING

LIGHTS

LIMO

LOVE

MEMORIES

MUSIC

PARTY

PHOTOS

PUNCH

QUEEN

RESTAURANT

ROMANCE

SCHOOL

SENIOR

TABLE

TEEN

THEME

TUXEDO

VENUE

VEST

Going to the Prom

```
W S E N V C W S Q R E R L B
Z R E W O L F F E U I U O O
W D L I G H T S I A E N V U
S E N O R E P A H C E E E T
T O F U C O U P L E S T N O
H E T R B R M U T T A A U N
E L X O U R O E M D R K E N
M Q M P H C E M M U E I O I
E I J N E P C M A D A N C E
L G L E S N J T M N T G I R
P C A G W U S U Q U C S Z E
U A M S N E S I X I C E Q N
N D R I R I L E V H A N S N
C R O T C O D R O E O I O I
H R F U Y O C O Y D O O F D
P S A T A B L E S S E R D O
```

Solution on Page 323

PUZZLES • **199**

AMP

APPLIANCE

ARC

BATTERY

BULB

CIRCUIT

COMPUTER

CONDUCTION

CORD

COULOMB

CURRENT

EDISON

ELECTRONS

ENERGY

ENGINE

FIELD

FORCE

HEAT

HOUSE

INDUSTRY

LIGHT

LINES

MAGNETIC

METER

MOTOR

OUTAGE

OUTLET

PLUG

POTENTIAL

POWER

RESISTOR

SHOCK

SOURCE

STATIC

SURGE

SWITCH

UTILITY

VOLT

WATTAGE

WIRE

200

```
D D L E I F F R O T O M O M A W
X V T I C U R R E N T E O E O E R
E R C E L N R Y T I L I T U N
T I O D O E U H S U U E T I
I O T L U I V S O C U C R L G
U A H G L S C B S T R A E N
T T E G U O O I A E I G T E
A S A G I L M N T T C W E N
G P T B A L P B N E T O S E
E O P U I T U E G E N E S R
S W E L E C T R O N S G R G
H E I B I O E A G E A U A Y
O R P R P A R C W I C O O M
C O R D E I N D U S T R Y H
K O C O N D U C T I O N O W
A Z R O T S I S E R P M A F
```

Solution on Page 323

ADOPTION

AFFECTION

BATHE

BED

BOX

BRUSH

CARRIER

CATNIP

CHOW

COLLAR

CRATE

DISH

EXERCISE

FOOD

GROOM

HAIRBALL

HARNESS

HUNTING

KIBBLE

LEASH

LINERS

LITTER

MEDICINE

MOUSE

NEUTER

PLAYING

SCOOP

SHAMPOO

SHELTER

SHOTS

SPAY

STRING

STROKE

TAG

TOYS

TRAINING

TREATS

TRIMMING

VET

WATER

```
B E D J M L H S I D S Y O T
A K N G M L R E K O R T S B
T D H O N I G L E A S H H R
H R O A O I I C Z B A C E U
E R E P I T Y N I M O B L S
G E T T T R G A P L G X T H
L F A E C I B O L N I A E O
L G R V E T O A I P E M R T
C I C P F S R N L R D E H S
U A N M F O I I T L C D U W
E R T E A A O C M A F I N O
S S E N R A H D R M G C T H
C P U T I S P R L E I I I C
O A H O U P I T Z W X N N D
O Y H H M E K I B B L E G M
P W S T R I N G W A T E R T
```

Solution on Page 323

ART
BAG
BLANK
BOOK
COATED
COLOR
COPY
CUP
DESK
DOLLS
DRAW
ERASER
FIBER
FOLD
GLOSS
GRAPH
HAT
INK
JOURNAL
LETTER
MILL
MONEY

NEWS
NOTE
OFFICE
PAGES
PLANES
PULP
REAM
SCHOOL
SHEET
SIZE
STACK
TISSUE
TOWEL
TREE
WHITE
WOOD
WRAP
WRITE

```
B S K S D S Q G K O O B X M
D P T O W E L N S N A Y A K
Q T O E Q O A E O U I U S G
M W N F S L N G G T H Q B L
X C A S B A R E T T E L U Y
V S O P L A U C R O L O C N
M R S P P H O Q S L L O D N
L O N H Y A J F D D I H R N
V P N R T T O S F E M C A J
D U E E R A S E R I S S W S
K L D B Y T B S T A C K H I
S P O I Y N T I S S U E I Z
S F U F K W R I T E E P T E
H X U C H Y W R V T G T E T
F X S B I L E S R V M A E R
H J U D G E Z A T W R A P Q
```

Solution on Page 324

ANORAK

BALACLAVA

BATHROBE

BEANIE

BOOTS

CARDIGAN

COAT

CORDUROY

DOWN

FLANNEL

FLEECE

HAT

HEADBAND

HOOD

JACKET

JEANS

LAYERS

LEGGINGS

LONG JOHNS

LONG UNDERWEAR

MASK

MITTENS

MUFF

PANTS

PARKA

PULLOVER

SCARF

SLACKS

SLIPPERS

SNOWSUIT

SOCKS

SWEATER

THERMAL

TIGHTS

TURTLENECK

VEST

WOOL

Warm Clothes

```
V T E K C A J T H E R M A L
F C S R L A Y E R S S I N O
S T N A P A R K A T I T O O
L Z B N U Y B D H N S T R W
A F B W L E O G I L S E A O
C L H O L L I R I G U N K J
K A E D O T E P U T A S F Q
S N A U V T P G U D A N L M
W N D H E E S R G M R H E U
E E B O R H T A B I U O E F
A L A S H L D O O H N J C F
T F N B E A N I E H L G E Y
E R D N L T I U S W O N S X
R A E W R E D N U G N O L T
G C O A T A V A L C A L A B
K S K C O S T S E V B H A P
```

Solution on Page 324

ANAGRAM	MIND BENDER
BEWILDER	NUMBER
BRAINTEASER	PENCIL
CHESS	PICTOGRAM
CRIBBAGE	PICTURE
CRYPTOGRAM	PIECES
DIFFICULT	PROBLEM
DISASSEMBLY	QUIZZES
ENIGMA	RIDDLE
FUN	SOLVE
GAME	TEST
GEOMETRY	THINK
HIDDEN	TRYING
ILLUSIONS	VISUAL
INTERLOCKING	WORD
JIGSAW	
LABYRINTH	
LOGIC	
MAGIC TRICK	
MATH	
MAZE	
MENTAL	

```
T H I D D E N W A S G I J E
H E T P I C T O G R A M M G
R T S S E H C R I B B A G E
C E A T E L D D I R G G E R
R Y B M A R G A N A N I O U
Y L B M E S S A S I D C M T
P R R V U I C M K N L T E C
T E P E I N L C T T A R T I
O D K E D S O L V E B I R P
G N N P N L U S U A Y C Y I
R E I H R C I A M S R K I E
A B H E I O I W L E I V N C
M D T F T E B L E R N O G E
C N F C I G O L J B T T N S
I I U Q U I Z Z E S H Y A S
D M B F M E N I G M A Z E L
```

Solution on Page 324

ANSWERS

ANTS

ATTITUDE

CAT

CHILDREN

CHIMPANZEE

CHOICES

COLLEGE

COMPUTER

CURIOUS

DOG

EAGLE

ENGINEER

EXPERT

FALCON

GENIUS

HAWK

HONORS

HORSE

LAWYER

LEARN

OCTOPUS

OWL

PARROT

PEOPLE

PHONES

PHYSICIAN

PIG

PLAN

PRODIGY

PROFESSOR

RAT

ROBOT

SAVINGS

SCHOLAR

SCIENTIST

SQUIRREL

TEACHER

THINKING

WHALE

```
D P H O N O R S A V I N G S
S S C H O L A R P L A N O U
G R C H O I C E S T N A C O
E N E I C H I L D R E N T I
N L I W E P R O F E S S O R
I R P K S N C I Z T R U P U
U E A O N N T N S G O D U C
S T O E E I A I V S H T S O
E U K N L P H Y S I C I A N
N P W G M A T T I T U D E R
O M A I H A T R E P X E L I
H O H N C N O C L A F L G T
P C L E R R I U Q S C A A O
J W G E G E L L O C E H E B
O I P R O D I G Y H G W E O
P A R R O T C Y L A W Y E R
```

Solution on Page 324

ALGAE	INFECTION
ANIMALS	INVISIBLE
ATMOSPHERE	LAB
BACTERIA	LIFE
BIOLOGY	LIVE
BIOSPHERE	MEMBRANE
BODY	MICROBE
BUG	NUCLEUS
CELL	ORGANISM
COLONY	PROTOZOA
CULTURE	RESEARCH
DISCOVERY	SCIENCE
DISEASE	SICKNESS
DIVERSE	SMALL
ECOSYSTEM	SPORE
EVOLUTION	STUDY
FUNGI	VIRUS
GENETIC	WATER
GERM	
HARMFUL	
HEALTH	
ILLNESS	

```
B O D Y T L R G E N E T I C
A E F I L L N E S S M Z S O
C H T L A E H A R M F U L L
T M L N U C L E U S R Y A O
E L B I S I V N I I R L E N
R R M A V I N E V E G R V Y
I E E S D E R F V A E S O A
A S C H I O U O E H R L L K
O E O I P N C N P C U A U S
Z A S S G S A S Y S T M T I
O R Y I I R O G C M L I I C
T C S D B M O I R A U N O K
O H T M T L E E B O C A N N
R H E A O N G D I S E A S E
P M M I C R O B E L L A M S
G U B E R E T A W Y D U T S
```

Solution on Page 325

ASSEMBLY

AUTOMATED

BOOTS

BUILDING

CAPITAL

CHEMICALS

COMPLEX

EMPLOYEES

EQUIPMENT

FORKLIFT

HEAT

INDUSTRY

INJURIES

INVENTION

LABOR

MARKET

MATERIALS

MILLS

NOISE

PERSONNEL

PLANT

POLLUTION

PRODUCED

PULP

RAW

RESOURCES

ROBOTICS

SHIPPING

SUPPLIES

TEAMWORK

TOOLS

TRUCKS

UNIFORMS

WAREHOUSE

WORKERS

```
S H I P P I N G T E K R A M
C F W W Y L B M E S S A R T
I X E L P M O C M K L B E H
T T I Q L H H S P C A U S I
O X O F U P O L L U T I O N
B Y P O P I A L O R I L U D
O I E R L N P I Y T P D R U
R I R K T S Y M E D A I C S
P N S L A C I M E H C N E T
R J O I B O O T S N E G S R
O U N F S L A I R E T A M Y
D R N T S M R O F I N U T S
U I E N O I T N E V N I R T
C E L T E A M W O R K E R S
E S U O H E R A W R O B A L
D A E S U P P L I E S I O N
```

Solution on Page 325

APPLE

AUTUMN

BOOTS

BRANCHES

BROWN

CHANGE

CHESTNUTS

CHILL

CIDER

CLOUDS

COATS

COLORS

COOL

CORN

CRISP

CROPS

FEAST

FIELD

FOOTBALL

GATHERING

GLOVES

GOURD

HARVEST

HATS

HAYSTACK

HUNTING

JACKETS

LEAVES

MAIZE

MITTENS

ORANGE

OVERCAST

PUMPKIN

RAIN

RAKE

SCHOOL

SQUASH

STRAW

SWEATERS

WIND

```
Y S D U O L C O L O R S Q Y
F W T S A E F C R O P S E X
S E P U M P K I N C O L P B
Y A A S N F T W A D P H R G
R T B E M T O S G P A A C H
E E O V O R S O A C N T O S
D R O A B R H E T C O S O A
I S T E K C A J H B R A L U
C C S L U O Y E E C A E T Q
R H A R V E S T R A W L V S
I A I C B N T F I E L D L O
S N U L E R A G N I T N U H
P G I T L O C J G L O V E S
X E T A U C K I D R U O G R
W I N D R M A I Z E K A R L
M A X C E G N A R O H Y Y V
```

Solution on Page 325

ACCOUNT

ADAMS

ALEXANDRA

AUTHOR

BIOGRAPHER

BOOK

CANDOR

CHRONICLE

CHURCHILL

CLARK

CLEOPATRA

CONGRESSMEN

EINSTEIN

ELI WHITNEY

EXPERIENCES

FACT

FAMOUS

FRANKLIN

HOUDINI

INFLUENCE

JOBS

LIFE

MORRISON

NEWSWORTHY

ORVILLE WRIGHT

PERSONAL

PERSPECTIVE

ROOSEVELT

THOMAS EDISON

TRUE

WRITTEN

```
H M T W B F A M O U S R Y P
O O E H I N T A R A B O H T
U R V U O E T D V L C O T R
D R I I G M C A I E H S R U
I I T O R S A M L X U E O E
N S C F A S F S L A R V W L
I O E X P E R I E N C E S I
C N P D H R A K W D H L W W
P H S Z E G N O R R I T E H
E N R R R N K O I A L S N I
R E E O M O L B G H L I O T
S T P H N C I O H I B C F N
O T E T E I N S T E I N S E
N I Z U S A C C O U N T B Y
A R T A P O E L C A N D O R
L W F I N F L U E N C E J J
```

Solution on Page 325

ADHESIVES

BOXES

CALCULATOR

CALENDAR

CAMERA

CHAIR

CLIPS

COMPUTER

COPIER

DESK

EASEL

ELASTICS

ENVELOPES

EQUIPMENT

ERASER

FASTENERS

FOLDERS

FORMS

GLUE

HOLE PUNCH

INK

LABELS

LIGHTS

MARKER

MEMO BOOK

NOTEBOOKS

ORGANIZER

PAPER

PASTE

PENS

PLANNER

RIBBONS

RULER

SCANNER

SCISSORS

STAMPS

TABS

TACKS

TAPE

TONER

```
R S R E D L O F T A B S S J
R E I P O C D L L A B E L S
E P A O R G A N I Z E R K N
L O H R E K R A M P O O D E
A L C Z R E L U R T O R T S
S E V I S E H D A B B B E A T
T V A A S H O L E P U N C H
I N R E P B U T Q S K N K G
C E E T I C O C U N K A S I
S S M S L N O A I E U L G L
N C A A C M E L P P A P E R
O A C P P A M E M O B O O K
B N N U S R E N E T S A F F
B N T E P A T D N T O N E R
I E L W S P M A T S M R O F
R R B O X E S R O S S I C S
```

Solution on Page 326

ADS

APPS

BING

BLOGS

BOOKMARK

CACHE

CHROME

CLICK

COMPUTER

COOKIES

ENGINE

FIREFOX

GOOGLE

HITS

HOMEWORK

INTERNET

KEYWORD

LINK

MALWARE

MOBILE

MOUSE

NEWS

OPERA

PAGE

PROXY

SAFARI

SEARCH

SITES

SPORTS

STORES

SURF

TAB

TOOLBAR

TOPIC

TYPE

VIDEOS

VIRUS

WEB

WINDOW

YAHOO

Web Browsing

```
Z L C B B P R O X Y A H O O
J Q L C I D R O W Y E K T K
L C I P O T F C L L A H P F
X H C R A E S E K B E W A I
T Q K D R S G O O G L E G D
A M V I S U C O M P U T E R
B V F N A O K R O W E M O H
L K S T F M C A C H E M W V
O B E E A P A B P E W M O C
G V I R R S L M P E O D D
S O K N I T U O W P S B N Q
E P O E G I R O Y A F I I A
T E O T G H F T A K R L W V
I R C R C Q E N I G N E F M
S A D S T O R E S U R I V D
V I D E O S W E N G J W L O
```

Solution on Page 326

AUTUMN	MACABRE
BANSHEE	MAKEUP
BLACK	MASKS
BOGEYMAN	MOON
BROOMS	MUSIC
CACKLE	NIGHT
CANDY	ORANGE
CARVING	PRANKS
CAULDRON	PUNCH
COBWEBS	SCARY
COSTUME	SHADOWY
DARK	SNACKS
EERIE	SPIDERS
FESTIVE	SPOOKY
FOGGY	TREATS
FOOD	TRICKS
GAMES	WICKED
GHOST	WITCH
GOBLIN	
GOODIES	
HORROR	
KIDS	

```
W I T C H E S E M A G U I S
T F O G G Y V B L A C K H K
R P A K O O D I M S K L C N
E W Q R B C O S T U M E N A
A I S A L G O D S S S B U R
T C K D I F F B I K E I P P
S K C A N S I M W E S F C C
Y E I N M U T U A E S A S P
D D R D E L K C A C B C M S
N V T C S E I R E E A S O P
A P S H A D O W Y U N B O I
C E G N A R O L L T S Z R D
L S C A R Y V D W H H B B E
S P O O K Y R I J V E G Z R
S I H G H O S T N G E V I S
E M O O N A M Y E G O B E N
```

Solution on Page 326

AMETHYST

ANKLET

BANGLES

BRACELET

BRIGHT

BROOCH

CARAT

CHARMS

CHOKER

CROWN

DESIGNER

DIAMOND

ELEGANT

EMERALD

FACET

FLASHY

GARNET

GEM

GIFT

GLAMOUR

GOLD

IVORY

JADE

NECKLACE

OPULENCE

PEARL

PENDANT

PRESENT

RICHES

RING

RUBY

SHINY

SILVER

SPARKLE

STUDDED

STYLISH

TIARA

TOPAZ

WATCH

WEDDING

```
Y L H B R O O C H Y N I H S
B R U D U F B A R A I T C U
U A G L O S C R V N S E T P
P R E M A M D R I A E A C A E
M P L R A N O N L C M N W N
F Y A E L O W G J K E E I D
A H J M G M N Q O L T L D A
C S E E T A R A C A H U E N
E A H V B I N E H C Y P S T
T L D E D D U T S E S O I E
H F D A E F N S I L T Z G L
G N I D D E W E L K E A N K
I N A G S S H H Y R N P E N
R J R E K O H C T A R O R A
B Y R O V I S I S P A T N B
Z P S I L V E R S S G O L D
```

Solution on Page 326

ANALYZE

ANSWER

BEAKER

BLIND

CLASS

COMPOUND

CONCEPT

CONCLUSION

DISCOVER

EMPIRICAL

EQUATIONS

EVALUATION

EXPERIMENT

FACTS

FILTRATE

GUINEA PIG

KNOWLEDGE

LAB RAT

LABORATORY

LEARN

MICROSCOPE

PREPARE

PROBE

QUESTION

REAGENTS

REFERENCE

SEARCHING

SEEKING

SOLUTION

SPECIMEN

STUDY

THEORY

THESIS

Scientific Investigation

```
B N O I T U L O S I S E H T
R E W S N A F I L T R A T E
A M A O Y S E A R C H I N G
L I E K O D C O M P O U N D
A C P U E Q U A T I O N S E
B E O T Y R O T A R O B A L
R P C O N C L U S I O N E W
A S S D R E E F T G Q M E O
T P O N A W M A D U P S C N
P R R I E S U I E I A T N K
E E C L L L S S R N H C E C
C P I B A C T I A E E A R L
N A M V O I C L O A P F E A
O R E V O A Y R R P L X F S
C E E N L Z Y G N I K E E S
P R O B E S T N E G A E R H
```

Solution on Page 327

BROWNIES

BUTTERSCOTCH

CAKE

CANDY

CARAMEL

CEREAL

CHOCOLATE

COOKIE

CREAM

DESSERT

DONUT

FONDANT

FROSTING

FUDGE

GLAZE

GUMMIES

HONEY

ICING

JAM

JELLY

JUICE

MOUSSE

PASTRY

PIE

PRALINES

PUDDING

SHERBET

SNACKS

SODA

SPRINKLES

SWEET

SYRUP

TAFFY

TARTS

TOFFEE

TRUFFLES

Sugary Food

```
T A F F Y A J B S K C A N S
A T H S T R A T S H K I V W
X U C T N A D N O F V F B E
I N T M A E R C S Y H R G E
C O O K I E O E E W C O L T
I D C S E L K N I R P S A A
N Q S X A A O G N G Y T Z P
G S R T C H N L W U L I E C
K S E R E I B T O T L N S A
M Y T N D S O Y R A E G H N
A R T D I F S U B E J Z E D
J U U P F L F U P A S T R Y
U P B E E F A S O D A S B O
I Y E G L C A R A M E L E H
C E R E A L L C P I E B T D
E F S E I M M U G F U D G E
```

Solution on Page 327

ABSOLUTISM

ACTIVISM

AESTHETICS

ALTRUISM

ANARCHISM

ANCIENT

ATHEISM

BELIEF

CHRISTIAN

DEISM

DOGMA

DUALISM

EMPIRICISM

FANATICISM

FREE WILL

GLOBALISM

GREEK

HEDONISM

HINDU

HUMANISM

IDEALISM

LEGALISM

MARXISM

MODERNISM

NATURALISM

NEW AGE

NIHILISM

POSITIVISM

PRAGMATISM

RELATIVISM

ZEN

Being Philosophical

```
A M G O D I D E A L I S M O
G L O B A L I S M D E I S M M
R E L A T I V I S M S S I A
E Y M S I V I T I S O P N C
E Q S M M S I H C R A N A T
K A B S O L U T I S M A M I
M E N I M S I X R A M I U V
S S I C D U A L I S M T H I
I T H I N D U N P X G S M S
N H I T P R A G M A T I S M
R E L A E G A W E N F R I S
E T I N M S I N O D E H U I
D I S A N C I E N T I C R E
O C M F R E E W I L L S T H
M S I L A R U T A N E Z L T
S W M S I L A G E L B Q A A
```

Solution on Page 327

PUZZLES • 233

BACKWARDS

BALANCE

BLADES

BOARD

CIRCLES

DERBY

DOWNHILL

EXERCISE

FALL

FIGURE

FITNESS

FREESTYLE

GOAL

HELMET

HOCKEY

ICE

INDOOR

INLINE

JUMPS

PADS

PAIRS

PARK

PIPE

PROTECTION

PUCK

RACING

RAMP

RINK

ROAD

ROLLER

ROUTINE

SIDEWALK

SLALOM

SNOW

SPEED

SPINS

SPORT

TECHNIQUE

TOUR

WHEELS

Solution on Page

Solution on Page 327

ANTIQUE	FRAIL
AWARD	GLASS
BABIES	HEART
BELL	LAMPS
BIRDS	LOVE
BREAKABLE	MIRROR
BRITTLE	MOTH
BUBBLE	NEST
BUTTERFLY	NEWBORN
CERAMIC	ORNAMENT
CHINA	PACKAGE
COBWEB	PLANTS
CRUMBLY	POTTERY
CRYSTAL	PRIDE
DANDELION	SAPLING
DELICATE	TEACUP
DISHES	VASE
EGG	WINGS
FEELINGS	
FIGURINE	
FLIMSY	
FLOWER	

Fragile Things

```
N S C S T N A L P U C A E T
S E H S I D R A W A N I H C
L A T S Y R C H B U B B L E
I U P N G K O U Y S M I L F
P D T L A N T N E M A N R O
O A S G I T I I G T V S T C
T N E F E N B L G D D R M J
T D N R L A G C E R A M I C
E E F A B E L L I E A I R O
R L F I A F I B H G F Q R B
Y I L L K C R U M B L Y O W
E O O B A N T I Q U E A R E
D N W T E N I R U G I F S B
I F E B R I T T L E V O L S
R N R O B W E N L A M P S Z
P W I N G S M O T H V A S E
```

Solution on Page 328

ACNE	PIMPLE
BALM	PORES
BLACKHEAD	POWDER
BLEMISH	PRIMER
BOTOX	PROTECT
CLAY	RASH
CLEANSE	REDNESS
COLLAGEN	REGIMEN
COSMETICS	RETINOL
CREAM	SCARS
ELASTIN	SCRUB
EXFOLIATE	SERUM
GENTLE	SOAP
GLOW	SPA
HYDRATED	TONE
LINES	VITAMINS
LOTION	WASH
MAKEUP	WRINKLES
MASK	
OIL	
PEEL	
PEROXIDE	

Skin Care

```
P M M R L A B U R C S Q Y K
O Z U I X K W V H W A S H S
R H N R T T C E T O R P W A
E E Y P E R O X I D E F R M
S K X D D S S N I M A T I V
L B Z F R A M N Z Y P Q N M
W O L G O A E P I S A N K G
R T S E P L T H I T O E L E
E O S S M N I E K M S G E N
M X N R E I C A D C P A S T
I C L E A N S E T R A L L L
R L O T M C D H P E E L E E
P A T I E I S E P A N O B O
K Y I N U Z G I R M N C I L
D G O O M A K E U P M L A B
K T N L H H S A R E D W O P
```

Solution on Page 328

AVALANCHE

BITING

BLIZZARD

BRISK

CHILLY

CLOTHING

CRISP

DANGEROUS

EVEREST

FREEZER

FRIGID

FROST

GLACIER

HAIL

HARSH

HYPOTHERMIA

ICE

IGLOO

NIPPY

NORTH POLE

OUTDOORS

SHIVERING

SIBERIA

SLEET

SLIPPERY

SLUSH

SNOW

SOUTH POLE

STORM

TEMPERATURE

WEATHER

WINTER

Freezing Cold

```
R E Z E E R F W E A T H E R J
J C E R E I C A L G Y A Y S
I I T U Y C R I S P V R S D
C L O T H I N G O A E G A C
E K F A A N X T L P S N H M
V L R R I X H A P R G I S W
E F O E L E N I O E L R R M
R M S P R C L O R L C E A K
E D T M H S D O Y N O V H G
S R I E M T U F P Q B I I K
T A C T U S U B F H I H K Y
A Z O O L G I O I R T S Y P
C Z A I R E B I S E I R C P
W I N T E R U L E R N G O I
I L S T O R M L B T G G I N
M B Y P K H S U L S N O W D
```

Solution on Page 328

BLANKETS

BROTH

CAPSULES

COMFORT

COUGH DROP

DECONGESTANT

DOCTOR

ECHINACEA

EUCALYPTUS

GARGLE

GARLIC

GOOD BOOK

HEATING PAD

HUMIDIFIER

HYDRATION

INHALANT

LOZENGES

MEDICINE

OINTMENT

PILL

POSITIVITY

RELAXATION

REST

SLEEP

SOAK

SOUP

SUPPLEMENTS

SYRUP

TABLET

TEA

VAPORIZER

VITAMINS

WARMTH

ZINC

```
H S E L U S P A C N I Z G P
Y H U M I D I F I E R R A U
D C T P E L G R A G E S R O
R E O M P L A E T H U Y L S
A I C U R L C S A E C T I E
T K L O G A E L B A A I C G
I E I O N H W M L T L V O N
O N N I O G D B E I Y I M E
N I H N I O E R T N P T F Z
P C A T T O P S O G T I O O
E I L M A D U O T P U S R L
E D A E X B R A W A S O T A
L E N N A O Y K V D N P E V
S M T T L O S N I M A T I V
R E S T E K N A L B R O T H
V A P O R I Z E R O T C O D
```

Solution on Page 328

BATHE

BODY

BRUSH

CADDY

CLEAN

CLOTH

COLD

CONDITIONER

CURTAIN

DRAIN

DRIP

EXFOLIATE

FACE

FAUCET

FRESHEN UP

GEL

HAIR

HOT

HYGIENE

LATHER

LOTION

MOISTURE

PRESSURE

RAZOR

REFRESHING

RELAX

REVITALIZE

RINSE

SCRUB

SHAVE

SING

SOAK

SPA

STEAM

TEMPERATURE

VAPOR

WARM

WASH

WATER

WET

```
B U R C S H S U R B A T H E
E P E O F S H S A W H R Y J
Y C T A Z P O O D R I P G X
D U A E V A H S T N Z T I W
D N W F K P R E S S U R E H
A E R U T A R E P M E T N W
C L G F R E S H E N U P E S
U R D L O C H T O L C X L I
R E F R E S H I N G F O V N
T H M R A W T S M O T R A G
A T R E V I T A L I Z E P S
I A Y Q D E N I O E L L O P
N L D N A G A N V C G A R V
N U O M W T E C U A F X I H
H C B U E R U T S I O M A P
R Q L H W F X H M K P N H U
```

Solution on Page 329

ADULTS

ALE

BAND

BEER

BOOTH

BOTTLES

BOUNCER

CLUB

CROWD

DANCING

DATE

DISCO

DRAFT

DRINKS

ENERGY

EVENT

FOOD

FRIENDS

FUN

GARNISH

GLASSES

JUKEBOX

LATE

LAUGHTER

LIGHTS

LINES

LIQUOR

LOUD

MIXER

MUGS

MUSIC

NEON

NIGHT

PUB

RELAX

RHYTHM

SINGLES

STOOLS

TAB

TIPS

```
I D J P G N Y H P R E E B R
X L T G O M W O H R T U A V
Q B O E N E R G Y T P K N E
V B N U L I K S C R O W D V
F P F M E A C I S V E O H K
O A M G B O U N C E R L B W
O H S I N R A G A J V O A X
D C E K X V T L H D T E O X
B V S Z N E V E H T F B N E
A J S I X I R S L J E F I T
T S A E D D R E M K L R G A
F L L D N O S D U I A I H D
A O G I U I Y J G B T E T U
R O U Q I L L H S U E N A O
D T B R H Y T H M L O D E L
E S P I T S P S O C I S U M
```

Solution on Page 329

ACCESS

ARCHIVE

BACKUP

BINARY

BYTE

COMPUTER

COPY

DATA

DELETE

DIGITAL

DISC

DOCUMENT

DOWNLOAD

DRIVE

EDIT

FOLDER

HIDDEN

MAC

MEMORY

NAME

OPEN

ORGANIZE

PDF

PROGRAM

PROTECT

RECORDS

RETRIEVE

SAVE

SEARCH

SECURITY

SEND

SHARE

SIZE

SOFTWARE

STORE

TEXT

VIDEO

WINDOWS

WORD

ZIP

```
Z H A W S E A R C H P E K T
N J T C O P Y F D K R S D I
F Q A E F E Z I S O P S T D
I D D Y T Z R E T R I E V E
E I P R W V C S O G A C M R
V S T A A U U G M A C C R A
A C X N R A R S E N D A E H
S D E I E A R C H I V E C S
R W T B M X T D O Z R P O K
E Y O O U C O E H E W O R D
D T O D E W L A T I G I D U
L A E T N E M U C O D Z S N
O U O L T I P E V I R D A D
F R O Y E M W K Y R O M E M
P A B J O D E B O P E N X N
D B A C K U P I Z N O U Y X
```

Solution on Page 329

ANGEL	JOY
ASCEND	KINGDOM
BLESS	LIGHT
BLISS	LOVE
CAREFREE	MERCY
CHOIR	PEACE
CLOUD	PRAISE
CREEDS	REUNION
DEAD	REWARD
ELIJAH	ROBES
ENOCH	SACRED
FAITH	SAINTS
FATHER	SAVIOR
FOREVER	SKY
GATES	SOUL
GOLDEN	SPIRIT
GOSPEL	THRONE
GRACE	WORSHIP
HARMONY	
HOLY	
HOUSE	
JESUS	

Heaven

```
T G Z X S Y Y R W U D I H D
H D U O L C F O S U S E J H
G Q U O T A R B M E R C Y K
I L H R T S G E L I J A H S
L Y K H H O P S E E D R C A
G E E I L S P R N D S G A C
A R P D N H A O A L S S R R
T O E S O G C S Z I H O E E
E N Y U O H D S C A S E F D
S K S U N G F O R E V E R A
S E A A J I Y M M O N A E E
I P V N I H O F L I W D E D
L P I F G N J N A E C A E P
B M O R Y E T Z R I O H C M
C O R K I H L S V Q T W W P
E N O R H T H I Z A R H W P
```

Solution on Page 329

ALNICO

ATTRACT

BAR

CLOSE

COMPASS

CREDIT CARD

CURRENT

ENERGY

FERRITE

FERROUS

FIELD

FILINGS

HOLD

INVISIBLE

IRON

LODESTONE

METAL

MICROPHONES

MRI

NEGATIVE

NICKEL

OPPOSITE

ORE

PHYSICS

POLE

POSITIVE

PULL

REPEL

SCIENCE

SPEAKERS

STEEL

STRENGTH

STRONG

TOYS

USEFUL

Magnetic

```
D F V M E T A L E P E R T S
L I M S R E K A E P S C L G
O E O C I N L A N L A E C N
H L N I C K E L O R E U W I
C D H S X E D A T T R S A L
R I F Y E V R T S R E E N I
A J H H C I A P E Y T F E F
B E T P N T C N D G I U G E
H T G P E I T L O R S L A R
R I N V I S I B L E O I T R
K R E Q C O D R S N P R I O
A R R B S P E T Q E P O V U
V E T M I C R O P H O N E S
C F S E R O C O M P A S S Y
L M J Q N L L L U P R H J X O
J X V G D E M C K A I Y T T
```

Solution on Page 330

BEAR	OFFER
BONDS	OPTIONS
BUY	PERCENT
CURVE	POINTS
DEALER	PRICES
DROPPING	PUBLIC
EARNINGS	RATING
EQUITY	RETURN
FUTURES	RISING
GAIN	SELL
GROSS	SHARES
HEDGING	STOCKS
HIGH	TOKYO
INDEX	TORONTO
INVEST	TRADE
LISTED	VIRTUAL
LOW	VOLUME
MARKET	YIELD
MUTUAL	
NASDAQ	
NET	
NYSE	

Solution on Page 300

• Puzzles

```
R E F F O H Y Y R F L G J K
E D A R T E C L A U T R I V
V L S R Y D H G E T B O N P
Z O E L N G A H B U Y S V P
G G L G N I P P O R D S E O
B N L U N N N H N E C R S Y
T I W T M G R G D S C T T K
H S H A R E S I S E O E H O
G I E V R U C H N R A N H T
O R D C Z A R T O N R L X E
P U B L I C H N I Y E A E K
G N I T A R T Z T S T U D R
J S T N I O P I P E U T N A
S T O C K S U W O L R U I M
D E B K Z Q A D S A N M E Q
S P X D E T S I L D L E I Y
```

Solution on Page 330

BATTERIES

BILL

BOOKS

BOTTLE

BRUSH

CALCULATOR

CAMERA

CANDY

CARDS

CHANGE

CLUTTER

COINS

CRAYON

DIME

DOLLAR

ERASERS

FLASHLIGHT

GLUE

GUM

KEY

MAGNETS

MANUALS

MATCHES

MESS

MONEY

NAIL FILE

NAPKINS

NOTEPADS

PEN

PINS

QUARTER

RECEIPT

RULERS

SCISSORS

SCRAPS

SCREWS

SHOELACES

STRING

UTENSILS

YARN

```
M B G U C O I N S D R A C G
J O O N N O T E P A D S A T
H O N T I V T H G L U E M P
S S R E T R A U Q W P C E I
U M T O Y L T S R E S A R E
R A S E T E E S N I P L A C
B N S W N A I L F I L E Y E
O U N S E G L C R A Y O N R
O A I C H R A U L H E H S E
K L K I J H C M C L K S E T
S S P S F L A S H L I G H T
R C A S E I R E T T A B C U
E N N O P S E G N A H C T L
L M R R A L L O D Y D N A C
U U I S C R A P S S E M M O
R G K D L O T Z K Y A R N D
```

ABILITY

ACTING

AGENT

APTITUDE

ART

ATHLETIC

COMEDY

COMPETENCY

CONFIDENCE

CREATIVE

DANCE

DEFTNESS

DEXTERITY

ENTERTAIN

FAME

FASHION

FITNESS

FLAIR

GENIUS

GIFT

INNATE

MATH

MUSIC

NATURAL

NURTURE

PERFORM

PIANO

PRIDE

PROWESS

SHOW

SING

SKILL

SPECIAL

SPORTS

SPOTLIGHT

STRENGTH

THEATER

UNIQUE

WINNING

WRITING

Solution on Page

```
S S E W O R P U N I Q U E B
P I S T F A S H I O N A I P
E N Y E R M P E R F O R M E
C N Z H N A C T I N G C K S
I A L T Y T H G I L T O P S
A T A G T H I A Y T C M R E
L E R N I G T F C O U E I N
L V U E R R I G N C W D D T
I I T R E M A F E A I Y E F
K T A T T S I T T B N S R E
S A N S X D F H E I N T U D
T E F I E X L E P L I R T M
N R P N D E A A M I N O R S
E C C G T U I T O T G P U H
G E N I U S R E C Y Y S N O
A E C N A D W R I T I N G W
```

Solution on Page 330

AUTHOR

BIOGRAPHY

BOOKS

BROWSING

CASHIER

CHAIRS

CHILDREN

CLASSICS

CLERK

COFFEE

CRIME

CUSTOMER

DESKS

DISCOVERY

DRAMA

FANTASY

FICTION

GENRE

HORROR

LANGUAGE

LEARNING

LITERARY

MAGAZINE

MOVIES

MUSIC

MYSTERY

NOVEL

POETRY

PROFIT

PULP

READ

ROMANCE

SHELVES

SIGNING

SNACKS

TABLES

THRILLER

WRITERS

Bookshop

```
C M Y S T E R Y E R N E G C
S F R R S E V L E H S O N L
E I A O D R E I H S A C I E
I C R M N A U T H O R G N R
V T E A R E M O T S U C G K
O I T N J S R I A H C O I E
M O I C B R M D A E R F S M
A N L E O I P U L P B F R I
G P Y R E V O C S I D E E R
A L A N G U A G E I H E T C
Z P G N I S W O R B C C I D
I B R N S C I S S A L C R R
N O T O J Y R T E O P X W A
E O G V F R E L L I R H T M
S K S E D I F A N T A S Y A
F S E L B A T S K C A N S C
```

Solution on Page 331

ADJUST	JAW
ALIGN	METAL
ALTER	MOLD
BANDS	MOUTH
BILL	NUMB
BITE	PAIN
BRACES	PLATES
BRIDGE	PRESSURE
CAPS	REMOVAL
CHILDREN	RESULTS
CROWN	RETAINER
DEVICE	ROOT
ELASTICS	SILVER
ERUPTION	SMILE
EXAMINE	SURGERY
EXTRACT	TEENS
FIX	WIRE
GAP	WISDOM
GUM	
HEADGEAR	
IMPACTED	
IMPLANT	

```
E S T O O R W S L C A J T I
C Q D V H S E A D D A L M F
P A I N E C R N J F A P C F
R M E T A L U U I V L F S N
G D A R D B S X O A Q Y E E
N L B T G T S M N B T R X R
P S N E E T E T B D A E T U
E S G N A R R N R L O G R Z
R A R E R U P T I O N R A R
I L E R E T L A D M A U C P
W I S D O M U G G E A S T S
N G U L S I L V E R V X T M
U N L I M P A C T E D I E I
M I T H T U O M N W O R C L
B A S C I T S A L E T I B E
E R C E R X N Q K S G E A M
```

ALARM

ANALOG

AVIATOR

BAND

BATTERY

CHRONOGRAPH

COLLECTIBLE

CRYSTAL

DESIGNER

DIAL

DIGITAL

ELECTRONIC

FACE

FASHION

GEARS

GOLD

HANDS

HEIRLOOM

HOUR

LATCH

LCD

LEATHER

LIGHTED

METAL

MINUTE

NUMBERS

QUARTZ

REPAIR

ROLEX

SECOND

SETTING

SILVER

STOPWATCH

TIME

WALTHAM

WATCHMAKER

WATERPROOF

WIND

WORKMANSHIP

```
L A T E M R A L A T C H B B
G O L A N A C N O I H S A F
Q U A R T Z H R M I N U T E
H H V E L D C T Y E M I T W
O C P K W E T L L S R A E G
U I E A O S A V I A T O R S
R N G M R I W T R G W A Y E
D O N H K G P N H O H J L C
N R I C M N O L U E L T F O
I T T A E T N A M R E E N
W C T A N R S L O T B D X D
E E E W S M O O L R I E H C
C L S D H N S D N A H G R L
A E L B I T C E L L O C I S
F O O R P R E T A W B A N D
G S S R I A P E R E V L I S
```

Solution on Page 331

ALE	INFUSION
AMBER	KEG
AROMA	LAGER
BARLEY	LIQUID
BATCH	MASH
BITTER	MEAD
BOIL	OXIDIZED
BOTTLE	POT
BREW KIT	RECIPE
CARAMEL	SMELL
CASK	SOUR
COPPER	STOUT
DRAFT	SUGAR
ENZYMES	SWEET
FERMENT	TART
FILTER	TASTE
FLAVOR	WATER
GRAIN	YEAST
GRIST	
HEAT	
HOMEMADE	
HOPS	

Solution on P

```
K Z N G H C T A B I T T E R
Y R O V A L F H N Z I L E H
R R E C I P E O S K A B A K
T E E W S S I M W Z M M B J
W J G R I S T E A A O A O J
A L G A U F R M D R A F T Z
T T A F L B S A A Y A O T O
E N N D E Z I D I X O C L Z
R I S E J B S E M Y Z N E G
D A E M M A D Z T A E H B E
H R G B E R E P P O C A S K
Q G S U E L E T S A T G S E
T U O T S E L F R D G R K T
W R L P Q Y A I U P O L A A
L I Q U I D S P O H S A M T
F N Z I H D B T S B N F R A
```

Solution on Page 331

ALL IN

BETTING

BLACKJACK

BUYS

CARDS

CASH

CHIPS

COMP

CRAPS

CREDIT

DICE

DOUBLE

ETIQUETTE

EXPENSES

FORTUNE

GAME

JACKPOT

JET

LIFESTYLE

LIMOUSINE

LUCK

MONEY

POKER

PRIZE

PROFESSIONAL

REWARD

RICH

RISK

ROULETTE

SKILL

SPENDING

STAKES

SUITES

VIP

WAGER

WEALTH

WHALE

```
S C L D P Q U J M G Z L L Q
S L V I P O K E R E G A W H
K P I E L B U O D E L A H W
I W I M S I G A M E W C S I
L E C H O U F N I L L A P E
L A X A C U I E I N L E R Q
K L F P R I S T S D T T I D
C T E S E D R I E T N T Z B
A H B P D N S Q N S Y E E U
J U G A I B S U U E L L P Y
K F O R T U N E U Y Y U E S
C J A C K P O T S E J O C E
A C A D B E T T I N G R X K
L A N O I S S E F O R P E A
B S H X T C A J P M O C Q T
I H O Y O S E R I S K Q T S
```

Solution on Page 332

BACTERIA

BAD BREATH

BAKING SODA

BLEACH

BRACES

BRISTLES

BRUSH

CAVITIES

CHEWING

CLEAN

CROWN

DECAY

DENTIST

DRILL

ENAMEL

FLUORIDE

FRESH

GEL

GINGIVITIS

GUMS

HEALTH

HYGIENE

MINTY

MIRROR

PASTE

PERMANENT

PEROXIDE

PLAQUE

POLISH

RETAINER

RINSE

SENSITIVE

SMILE

SPIT

TARTAR

TEETH

TONGUE

WATER

WHITEN

WISDOM

```
I T I P S B R A T R A T D V
F R E S H C A E L B G Y R B
W I S D O M B C T C G A I R
G T S I T N E D T H S C L U
E U B E D I X O R E P E L S
L E M A N E W T I W R D G H
I I T S K S U T H I I I P S
M Q H N H I I G I N N R A I
S M Y Y E V N T N G S O S L
S I G C A N E G I O E U T O
E R I C L E A V S V T L E P
C R E Y T N I M U O E F L N
A O N H H T A E R B D A B W
R R E N I A T E R E Q A G O
B R I S T L E S F U P D E R
R E T A W H I T E N A E L C
```

Solution on Page 332

ANGRIEST

BEST

BIGGEST

BUSIEST

CLEVEREST

DULLEST

EERIEST

FASTEST

FATTEST

FUNNIEST

GENTLEST

GREATEST

HAPPIEST

HEALTHIEST

ITCHIEST

KINDEST

LARGEST

LOWEST

NOISIEST

PRETTIEST

QUAINTEST

SHARPEST

SHORTEST

SMALLEST

SMARTEST

SMELLIEST

THINNEST

WETTEST

WISEST

YOUNGEST

YUMMIEST

```
T T A B L Y U M M I E S T A
S S S N U O N C P F U O S S
E F E E G S W O F C Q D E M
G X L I D R I E I I U V L A
N I A G H N I E S S A S L R
U P R E T T I E S T I M A T
O D G N T E L K S T N E M E
Y U E T T S E A G T T L S S
L L S L T S E R E V E L C T
F L T E H S E I I H S I T S
A E O S G A E T N E T E S E
T S E T T E W B R N S S E N
T T S E I P P A H O U T S N
E O S H A R P E S T H F I I
S T S E I H C T I L N S W H
T S E T S A F B I G G E S T
```

Solution on Page 332

BARN

BASEBALL BAT

BEDPOST

BOAT

BOOKCASE

BOWL

BOXES

CABINET

CANOE

CHAIR

CHEST

CLOCK

COASTERS

DESK

DOOR

DRESSER

DRUMSTICKS

FENCE

FRAME

FURNITURE

GUITAR

HOUSE

PADDLE

PINOCCHIO

PLAYGROUND

PLYWOOD

POPSICLE STICK

PORCH

RAILING

ROCKING HORSE

SHELF

SIGN

SLEIGH

STAIRS

STOOL

TOTEM POLE

TOYS

TV STAND

WOODWINDS

```
E Z B E R U T I N R U F K U
S L S D N I W D O O W Y L P
U T W S T T P O R C H A I R
O S O O A O B O O K C A S E
H T Q O B T E R A I L I N G
P A D D L E D A E N J Y P B
S I G N L M P T O G R I O D
Y R T T A P O I N H N A R N
O S E V B O S U A O T U B U
T J N S E L T G C R M B L O
K C I T S E L C I S P O P R
F L B A A E H S T E W X R G
L O A N B I R I E C N E F Y
E C C D O K C D C H E S T A
H K D E S K H G I E L S G L
S R E T S A O C F R A M E P
```

Solution on Page 332

ACADEMIC	LUNAR
APRIL	MAY
AUGUST	MEETINGS
AZTEC	MONTH
BOOKED	MOON
BUSINESS	NOVEMBER
CELTIC	OCTOBER
DAY	PERSONAL
DECEMBER	PICTURES
DESK	PLAN
DIGITAL	POCKET
EGYPTIAN	SCHEDULE
EVENTS	SCHOOL
FEBRUARY	SOLAR
FISCAL	TIME
HELLENIC	WALL
HINDU	WEEKLY
HOLOCENE	YEAR
INCA	
JANUARY	
JULY	
JUNE	

```
W E E K L Y O T Z W A L L R
C E T Z A C N I B K B U C A
W U F E T Y K M S O N T I L
R R R D O I A R E E A O E T O
R A B N G D D A R B V K L S
M E E T I N G S U Y E C E I R
R N T Y D H C S T R M O C D
H E L L E N I C C E B P L L
M C P L A N M P I U E E V L
N O O M E A E H P L R T F I
S L N S Y R D E C E M B E R
C O S T S N A I T P Y G E P
H H A O H S C H E D U L E A
O X N V Y R A U N A J X U K
O A U G U S T N E V E N U J
L A C S I F N H Q B M R L V
```

Solution on Page 333

BIKES

BLOCK

BORDER

CARPOOLS

CITY

COMMUTE

CONDOS

DREAM

DRIVEWAYS

DRIVING

FAMILIES

FENCES

FRONT LAWN

GOSSIP

HOME

HOUSES

KIDS

MALL

NATURE

OUTSKIRTS

PARKS

PLAYGROUND

POPULATION

PROPERTY

QUAINT

QUIET

RELAXED

REMOTE

RESIDENCE

ROUTINE

SAFE

SCHOOLS

SEDANS

STROLLERS

SUVS

TREES

UNIFORMITY

YARDS

ZONING

278

```
C A Y T R E P O R P Q X L S
S X S N S P O U S S U L R T
R Y N D W V P D E X A L E R
E A A G R A U I K M I G S I
L R D W R E L S I D N O I K
L D E K E I A T B N T S D S
O S S J M V T M N U C S E T
R A T A Y T I M R O F I N U
T F F G B E O R M R R P C O
S E K J N N N M D G Z F E T
L N I T E I U Q N Y T I C R
O C D E E T V I N A T U R E
O E S M E U N I B L O C K E
H S O D N O C A R P O O L S
C H X H Z R B R E D R O B C
S E S U O H Q R E M O T E W
```

BANDEAU

BIKINI

BLOUSE

CAP

CHINOS

COTTON

DRESS

FLIP FLOPS

HAT

JEANS

LINEN

LOAFERS

MESH

POLO

PULLOVER

ROMPER

SANDALS

SARONG

SHELL

SHIRT

SHORTS

SHRUG

SKIRT

SKORT

SLACKS

SLEEPWEAR

SLEEVELESS

SNEAKERS

SPEEDO

SUNGLASSES

SWIMSUIT

TANK

TEE

THONGS

TRUNKS

TUNIC

VISOR

WRAP

YOGA PANTS

```
T A N K P L O G U R H S E M
Y N Y S H O R T S D S G Z K
S L O A F E R S R L P N S B
H N G T G O E R E I O O K T
E S A M T R Q E K N L H C R
L U P E D O V V A E F T A I
L N A S J E C O E N P R L K
J G N O L O P L N W I I S S
S L T E S E G L S B L H O W
K A S E Y U E U C A F S N R
N S A R O N G P I N I K I B
U S L A D N A S W D T A H L
R E P M O R O D E E P S C O
T S W I M S U I T A A Q A U
E F G S K O R T R U Z R P S
E T U N I C B W V I S O R E
```

Solution on Page 333

ACTIVITIES

ARRIVE

BEVERAGES

CANDLES

CHAIRS

CHAMPAGNE

CHEESE

CHINA

COCKTAILS

COURSES

CRACKERS

CRYSTAL

DESSERT

DISHES

DRINKS

FAMILY

FOOD

FRIENDS

GLASSES

GUEST

HOSTING

HOUSE

HUNGRY

KIDS

LIVELY

MEAL

MENU

MINGLE

MUSIC

NEIGHBOR

OUTDOORS

PLANNING

SEATING

SETTING

SNACKS

TABLE

THEME

TRAY

VISIT

WINE

Dinner Party

```
S L I V E L Y G N I T T E S
R E S U O H A S I U R U V K
O M I N G L E T D E H D I C
O S S T I S I V S O T C R A
D D E K I D S S S Y O R R N
T N A L G V E T R C R F A S
U E T D D D I G K S O C N Y
O I I R K N N T R E B C I E
S R N I G U A E C G H H H L
E F G N H I K C J A G A C B
H M F K L C Y L M R I I M A
S E S S A L G P Z E E R U T
I N A R I L A E M V N S S H
D U C M X G C H E E S E I E
P L A N N I N G H B U U C M
B F S E S R U O C G W I N E
```

Solution on Page 333

AERATOR

BLOCKAGE

BUCKET

CAULK

CLOG

DRAIN

FAUCET

FIX

GAS

HAIR

INSTALL

LEAK

MESS

METAL

OVERFLOW

PIPES

PLASTIC

PLUNGER

PRESSURE

REPAIR

RUST

SERVICE

SEWAGE

SHOWER

SINK

SIPHON

SKILLED

SNAKE

SUPPLY

TANK

TOILET

TOOL

TRADE

TRUCK

TUB

UNIFORM

VALVE

WASHER

WATER

WRENCH

```
Q S P H Z D S I N K Z X S W
R E H S A W R I R V B N A G
W L O O T L A T E M A T O A
B E I K W R T S T K E L U Y
C M N J D E D N E R C I V L
T I S T C P R W B W U L F E
W R T U O A Z K L U A C V A
W O A S K I L L E D T G K K
T F L D A R S E R V I C E M
E E L F E L G U N I F O R M
L A K H R L P U Y L P P U S
I N Q C R E G N U L P R S E
O K M N U A V N O H P I S P
T N F E S B L O C K A G E I
H A I R S R A E R A T O R P
L T X W T S U R V U J K P B
```

Solution on Page 334

ABSTRACT	POWER
ACID	REACTION
ANALYSIS	REPORT
AWARD	RESEARCH
BACTERIA	RESULTS
BIOLOGY	RIBBON
BUGS	ROBOT
CONTEST	SCHOOL
CRYSTALS	SOUND
DATA	SPEED
DISPLAY	SUCCESS
FACTORS	SUMMARY
FAILURE	TEAMWORK
GRAPHS	TESTING
GROWTH	THEORY
IDEA	THESIS
LIGHT	VOLCANO
MAGNETS	WINNER
METHOD	
MOTION	
PHYSICS	
PLANTS	

```
P L A N T S D F R E P O R T
S P E E D C A I H A A G R E Y
Y G O L O I B A C T E R I A
O S K H L S H N R A D A B M
A I T U S Y R A A D I P B W
W S R C L H E L E N R H O O
A E E S A P A Y S O E S N R
R H N C T R C S E I S O S K
D T N H S J T I R T U U T R
O S I O Y N I S C O L N E E
H T W O R G O O B M T D N W
T V O L C A N O W A S C G O
E L I G H T E S T I N G A P
M M S S E C C U S G U B M F
H D I S P L A Y R A M M U S
V U T H E O R Y T O B O R K
```

Solution on Page 334

ANNUAL	GREEN
ANTIOXIDANT	GROW
ASIA	IRON
BOILED	LUTEIN
BUNCH	NUTRIENTS
CAN	NUTRITION
COOKED	ORGANIC
CROP	PLANT
DIET	POPEYE
EAT	PRODUCE
EDIBLE	PROTEIN
FARM	RAW
FIBER	SALAD
FLAT	SAVOY
FLORENTINE	STRONG
FLOWERING	TASTE
FOLATE	VEGETABLE
FOLIC ACID	VITAMIN
FOOD	
FRESH	
FROZEN	
GARDEN	

```
O T B Q T W P P J G X N P C
D G H C N U B F R C R O P P
Y D N A W E N O V O S E R L
O U I I L U T E I N T A E A
V S C F R T G S L L N E B N
A I O O H E A F A T E Y I T
S O T L T T W L I T I D F N
D I C A C I L O F M R A F E
O V B T M T X R L A T L R Z
A L E E W I H E W F U A C O
E I A O D U N N A C N S I R
D T R A N O I T I R T U N F
I G N O R T S I N E D R A G
B T V I L A U N N A Z L G V
L P R O D U C E O H S E R F
E Y E P O P I K D E K O O C
```

Solution on Page 334

ACCOUNT

AGENDA

BOOK

CHERISHED

CHRONICLE

CLASP

CONFESSION

COVER

CRUSH

DAILY

DATE

DIARY

DRAWING

DREAMS

EMOTION

EVENTS

FAMILY

FANTASIES

FEARS

FEELINGS

FRIENDS

GOALS

HIDE

INSIGHT

JOURNAL

LETTERS

LOG

NONPUBLIC

PASSION

PEN

PLAN

POETRY

PRIVATE

PROTECTED

RECORD

REFLECTION

SECRET

THOUGHTS

WORDS

WRITE

```
S E C R E T J P A D N E G A
H T H O U G H T S A T R W G
P D R A W I N G L A E G O L
W P O R D C S P V V L L R D
C O N F E S S I O N T C D R
R E I A T F R C G S H I S E
U T C N C P L H A R G L L A
S R L T E Q A E C E I B A M
H Y E A T L N R C T S U O S
W R V S O P R I O T N P G D
R A E I R A U S U E I N R N
I I N E P S O H N L I O G E
T D T S T S J E T L C N N I
E A S Y L I A D E E D I H R
D N O I T O M E R S R A E F
B O O K H N F A M I L Y T A
```

Solution on Page 334

BOUTIQUE

BOWS

BUTTONS

CATWALK

CELEBRITY

COLOR

COSTUME

COTTON

CUT

DENIM

DRAW

EYE

FABRIC

HEM

INTENSITY

LACE

LINE

MANNEQUIN

MATERIAL

MODEL

ORIGINAL

PATTERNS

RUFFLES

RUNWAY

SAMPLES

SEW

SHADE

SILK

SKETCH

SKILL

STITCH

STRIPES

STYLE

SUEDE

SYMMETRY

TAILOR

TEXTURE

THREAD

TINT

TREND

Fashion Designer

```
L E M R R O L O C I R B A F
E S L M O D E L C N I E Y E
R M I N E D V A W T C Y C I
U W N L A A T I O E D A H S
T A E E K W J R L N L X D H
X U R W A S I E S S B U C C
E H C L A G B T P I U P O T
T M K N I R Y A A T T J T I
A S U N I L D M T Y T O T T
I E A T E U Q I T U O B O S
L L Y R S D Q H E X N L N T
O F A E K O E E R E S L N R
R F W N E M C U N A Q I V I
T U N D T B O W S N T K T P
K R U D C S E L P M A S T E
D L R Y H S Y R T E M M Y S
```

Solution on Page 335

PUZZLES • **293**

ADMIN

ASSISTANT

COMMUNICATE

COMPUTER

CONFIDENTIAL

COORDINATOR

CORPORATE

CORRESPOND

DEDICATED

DESK

DICTATE

EMPLOYEE

EXECUTIVE

FILING

IMPORTANT

MANAGE

MEMO

MULTITASKING

ORGANIZE

PERFORMANCE

PHONE CALLS

POLITE

PROFESSIONAL

RECEPTIONIST

RESPONSIBLE

SCHEDULE

TELEPHONE

TYPEWRITER

```
G E L B I S N O P S E R M O
D N C O R R E S P O N D V R
T E I N I M P O R T A N T G
E P T K A E L U D E H C S A
L R E A S M E T I L O P S N
E O E N C A R D T N W S C I
P F Y C I I T O F S I O R Z
H E O O E M D I F S O F E E
O S L M V P D E T R I M T X
N S P P I E T A D L E D I E
E I M U N K N I I M U P R C
C O E T S T N N O S R M W U
A N I E F A G M A N A G E T
L A D R T E T A T C I D P I
L L C O R P O R A T E S Y V
S A R C O M M U N I C A T E
```

Solution on Page 335

ABLE	MUSCLE
AGILE	PROTEIN
BALANCE	RELAXED
BONE	RESTED
BRAIN	ROBUST
CALCIUM	SLEEP
CALM MIND	STAMINA
CHECKUP	STRENGTH
DAIRY	STRONG
DIET	STURDY
EAT	SWIM
ENDURANCE	VIGOROUS
ENERGY	VIRILE
EXERCISE	VITALITY
FIT	VITAMIN
FRUIT	WALKING
GRAIN	WELL
HARDY	WORKOUT
IMMUNE	
JOGGING	
LIVELY	
MINERALS	

```
H A R D Y G R E N E V J F X
A N I M A T S U B O R O D L
G E X E R C I S E N U M M I
I L F C M B A L A N C E N V
L C C N G R E L A X E D I E
E S L A R E N I M T A E A L
N U L R L P R O T E I N R Y
O M E U R M E L I R I V B R
B C W D C P M U I C L A C E
L M H N E V V I G O R O U S
D I C E S T R E N G T H R T
A W L P C F T E I D A B L E
I S W A L K I N G R A I N D
R W O R K O U T G N O R T S
Y D R U T S S P O T I U R F
F N I M A T I V J S X T Q G
```

Solution on Page 335

Solution on Page 335.

Answers

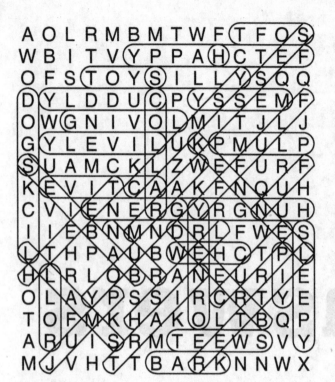

Puppies

So Beautiful

Swap Meet

Lucky Things

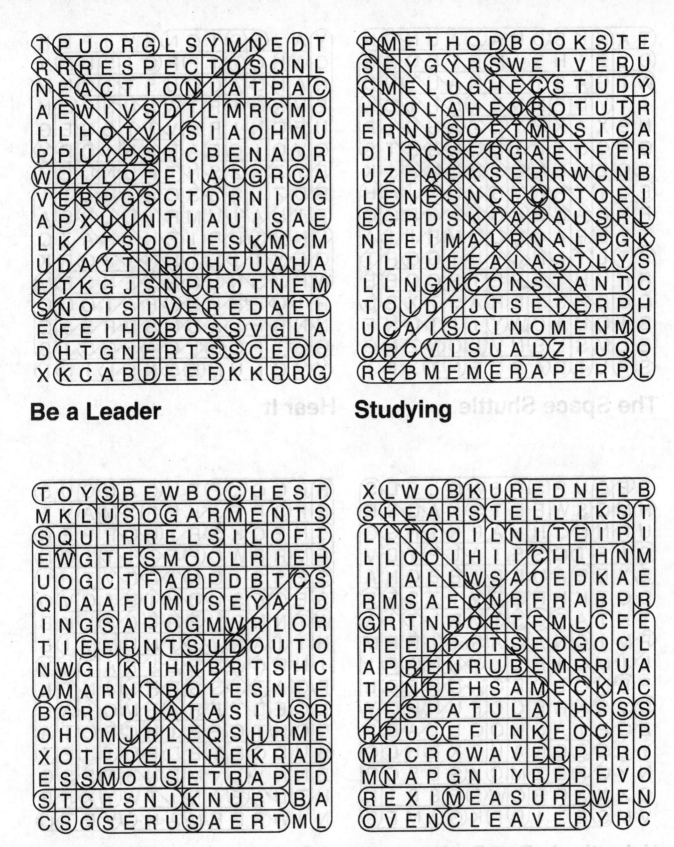

Be a Leader

Studying

Storage Area

Food Prep Items

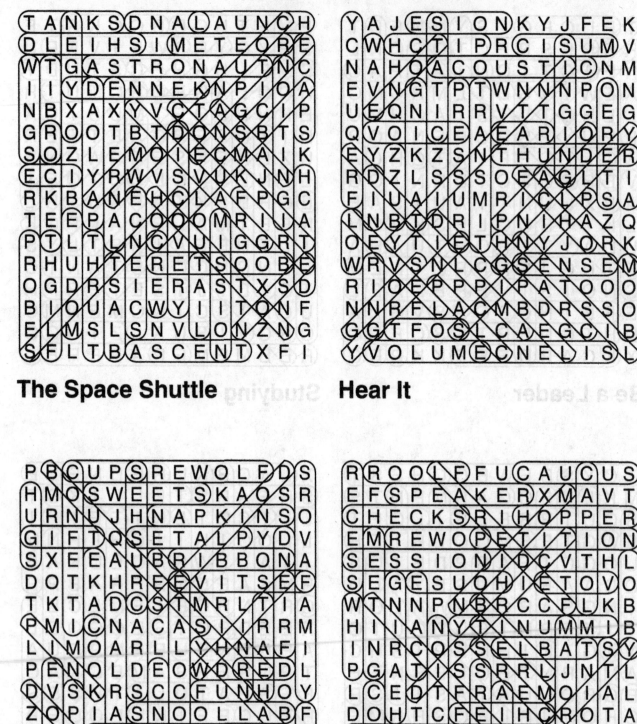

The Space Shuttle

Hear It

Valentine's Day Party

U.S. Congress

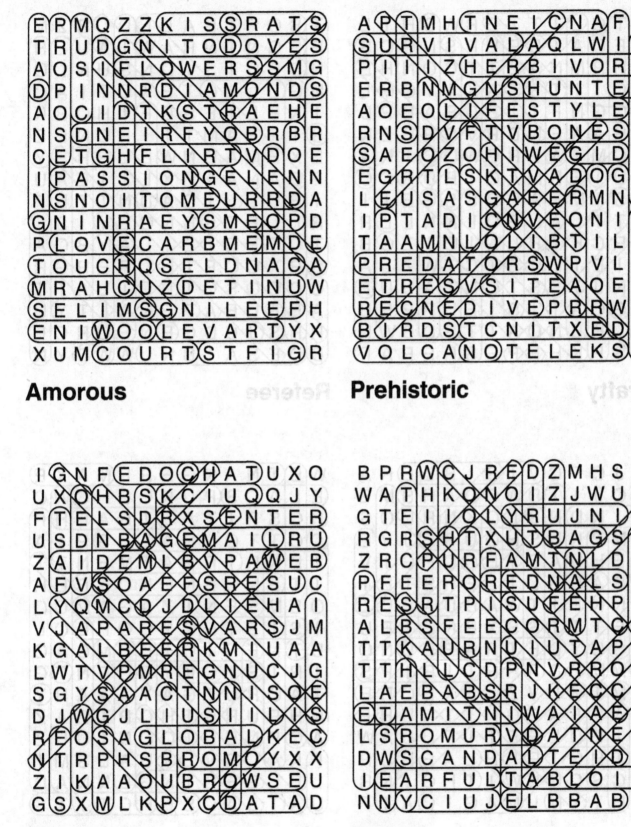

Amorous

Prehistoric

The Internet

Gossip

Crafty

```
D T G L I T T E R W S H T L
Y E O A I B P E P S N S Q S
A H R M N A E T T C O N H E
L C I I T S T A K I Y O M L
C O G N F T I E D S A B P D
T R A A E N B R V S R B E N
Q C M T W E R C W O C I N A
B U I E R M A Q I R D R C C
R S I M E A C D S S G E I I
Y T T L A N E Q L N N L L R
F R C K T R L W I O I Z G B
R I E I H O E T C T W Z L A
O N J T S S T C N T A U U F
L G O A T I S I E U R P E U
O L R B N O A T T B D B W N
C S P K H P P E S R E P A P
```

Referee

```
T S O F T B A L L D L B Z M
E S G N I N R A W I A U L H
N D E C I S I O N S U N L O
N G L L A C T E K C T I O C
I N E L I E S E F I H O B K
S I F F A M T I I P O N E E
E X F M A B N W E L R R S Y
P O A N A A H X L I I E A U
I B U L L I Q A D N T T B F
R L L F T S B N O E Y I S L
T O T E O T E I L A Y B Q A
S R X C O P T H L R E R G R
C D C O S C T P C I L A T T
A E F U E A P E N A L T Y U
R R S J U D G E N F O R C E
D D E S A I B N U W W C Y N
```

Spooky Spirits

```
A J Q P C V I S I B L E R A
Q O J I I D W O D A H S M E
W I N D N S L O K N R D O S
I M P K H S H O U S E J V E
O E H U A E Y B C C P G I V
S S A B B L I L E H S T E I
P N N F I T W A D D A E D L
O E T T T S S X B N C I E U
O S O Y D E T R A P E D N O
K M M P D R R R T I R I P S
O M T R L V Z L E X E O R B
O W E F A E G N I T N U H F
U I E D L E E T I F U D A W
V T H G I R F H L A E R U R
P C S C G U W I T H G I N R
M H T Y M L M A G I C A T F
```

Visit a Physician

```
W B T N A N G E R P M A X E
E L A C S P U K C E H C W O
H O S P I T A L T R A E H P
C O T T O N B A L L S P I A
I D N R T R E A T M E N T T
T T E N O B N E K O R B E H
O E M S E N I Z A G A M C O
I S T E T H O S C O P E O L
B T N E N I C I D E M C A O
I R I S I C K Y R G P N A G
T A O R U T G A Y A A A R Y
N H P U R R T H C D A T R Z
A C P N E U X O O N I U U Z
F K A L R V L V U A E S M I
L B L E E D I N G B N N A D
U A T S A C S E H C T I T S
```

Volunteer

```
H X W U V A L U E M I T K N
K S L A B O R E E T A N O D
C O A C H T O E L O O H C S
W G C A M D V P W I D S C J
O N I R C O U N S E L D H C
R S D E R T B S E R V I C E
K L E P M S I U R T L A R V
R L M O T M S V I D W P U I
I I P G C A G E I L T E H R
Z K D N R H C S N T D V C D
C S O I A O A M U D Y I F O
O O H D N S U R O P N G N O
C C O E T E S P I R P I D G
C I U E N E E I L T A O K W
I A R F U R S D S E Y L R F
T L S O F F E R N T H U B T
```

More Shoes

```
Q N Q C E W E A R G P F S G
F T S T A L F F T N L E E H
O O B E T R A I N I N G C G
T Q A N D B E O P N R A O S
M B B N R P Y F T N S L R E
S U Y I M R L S J U F E S L
Q Y C S T O L A A R F A O U
B P N R P I C L T A C T L M
B O A S D E S C O F V H E G
O H F E W B T L A B O E S A
O S S U F D A K A S U R P L
T V G G R T E L C D I Y M O
S G N O H T L P X A N N U S
K E F R L E C V P G R A P H
W X F B T C P U R C H A S E
O U D R E S S R E P P I L S
```

Computer Mice

```
L I D N A H A R D W A R E U
I N F R A R E D E S K T O P
G P L C J T I D N S M M S I
H U M A U S S E N S O R Z A
T T S P P R E Q P T O B S E
M O M L B T S T I Q Z O S B
H O A D K P O O O C L E F U
C Y N C N G N P R M L L A B
D I A I A O A D Q E E I O B
M R H P T Q T M C C C R C R
T O O P P O P T I C A L U K
D X V C A L R V U N X B L M
H O V E R R E K E B G F L N
L A S E R D G A R D U Q A E
R D A P O I N T I D I I M A
L E E H W K L M W F B Y S R
```

Playing Tennis

```
M C F F F G L K H G F A V X
X N A S D X N O D D W N E T
F Z L E C N U O B O I Z V R
T A P L A Y A N R U T E R I
M R U S E T R H E B M T H K
Q U A L I F I E R L N O C S
Y R L I T E O E V E G U H H
W O E N N N G R M I V N A O
V I I F H I T A E A E O I E
T O V S E F N E T H G C R S
P R D T U R S G C N A A E S
I R U R U O E T A I A N C R
R E R O C S A E S I L V D L
G C T K C M A Y P Z D S D B
V A S E O S T R I N G S S A
Y B C L X F S Z N J X G L G
```

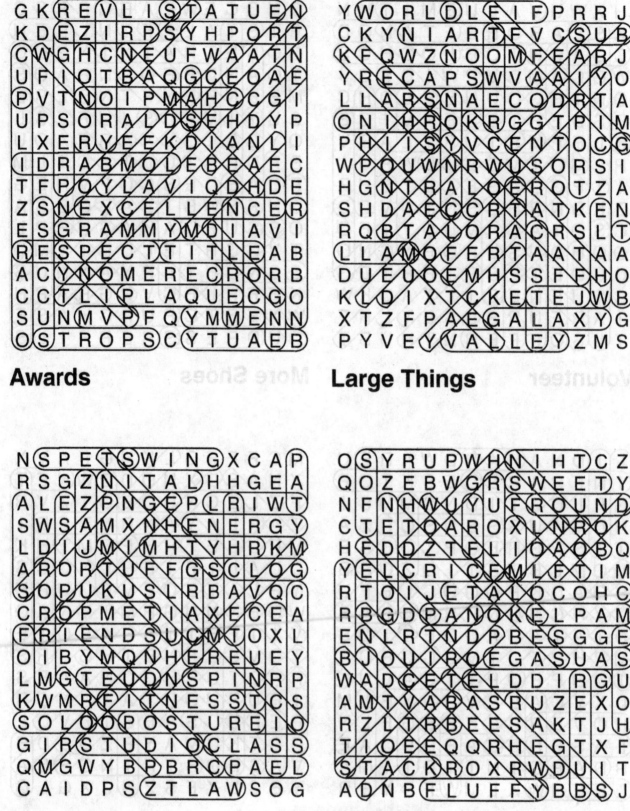

Awards

Large Things

Dance Lessons

Flapjacks

Counting Calories

```
E D I E T C I R T S E R S E
T G W P H Y N N I K S K L S
A T A M O U N T Y E I A M K
F F I B E R N H X M C A F C
O M M U A W T G M S R P L A
O U I E R L A I R G E E A N
D S L N A F L L O Y X K N S
A C S E G K L O P N E A R G
L H R U N O I T I R T U N
O E A G S M W O J M D N O I
D F K Y W K A L O S E I J V
M F E N C O N S U M E N F R
C E I N A I C I S Y H P T E
O C O M P L E X R M E A L S
P T H G I E W Q T D A L A S
T S L A O G M I Y D O B D C
```

Campaigning for Office

```
V A I D E M O C R A T D P E
C S L L A N D S L I D E A T O
S T O L L A B L L O P B R V
P S S F E D E R A L G A T O
I I C O N G R E S S O T Y I
N V N O I S I C E D V E K N
F I C A N D I D A T E S K O
L T N E D I S E R P R U N I
U C P R O M O T I O N S O T
E A M Y T I R O J A M R D A
N M S R E P A P S W E N T N
C P G I N C U M B E N T C N
E A G R A S S R O O T S E N
C I R O T E H R O Y A M L Z
E G A S S E M K H O U S E N
E N E Z I T I C A U C U S C
```

Boiling Hot

```
S A U N A I D Q G H R X C O
D O O F L G S X M X O K I B
O O S C A L D I N G M I Y Z
Y X G O O R H E Z G O V E N
F T N O A C E H P Z N T L Z
G U I K Z X T W C L U S T B
Y Q R I E T D O O R A C N B
J Y P N T M F M H H O S A V
N U S G A F E P P C S T M J
S W V T E C K M U R T A G A
W N C E J D E L I O B R E M
E H R A M R T S P C S S Y G
A E V U C A T E A S U N S A
T A B U B B L E N G I N E M
L T R R E V E F U J N O R I
J Y X A W N E K C J E A C H
```

Plant Kingdom

```
S S O M E B J I C A P Y R C
D A I S Y G N O H H S O W B
Y P P E N R E T A W S P E H
C E Q E N O T N R E F S A U
M A L D V W D L O I U A X B
F B C S L I C H E N D P E R
B V L T R I B S D A E Q O L
G P K B U A Q P S M R O W U
R N Y R Y S P R E N T T L P
A H I D E N P O T E T C H A
S N I V U O A U F E R N B B
S Z I V I B Y T I R M P R B
B H S A U L L O O G W E E D
C X A O B Q I P W B H T T S
N C B D M V L N E D R A G S
Y S G M F Q R C R P I L U T
```

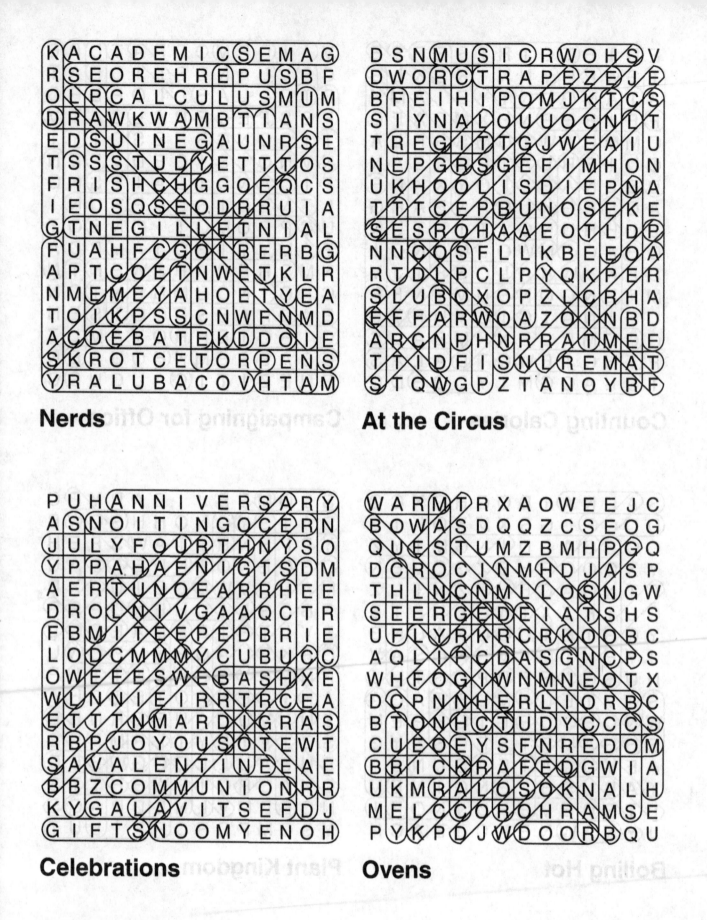

Nerds

At the Circus

Celebrations

Ovens

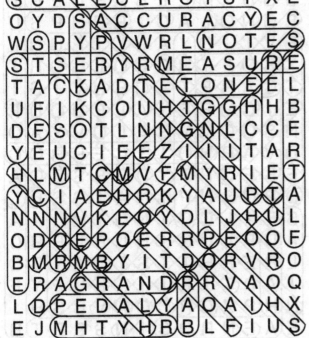

In the Newspaper

Really Quick

Piano Lessons

**Periodic Table of
the Elements**

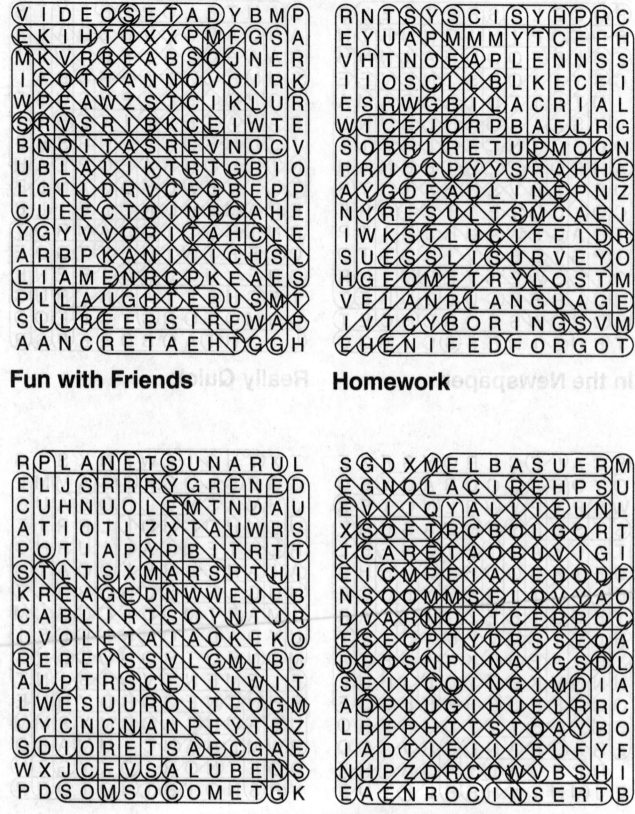

Fun with Friends

Homework

The Universe

Contact Lenses

Dishes

Give a Speech

Employment

Drink Some Juice

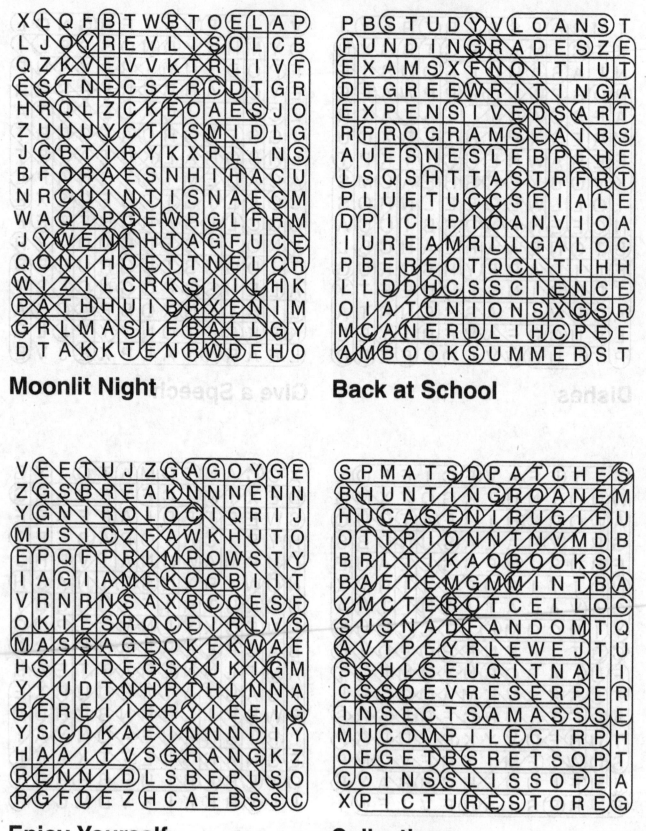

Moonlit Night

Back at School

Enjoy Yourself

Collections

Earthworms

```
E V I R W J T M E Z C G X R
M Z E E T A R E A R K K I L
H D B R Z O N Z A G N B E X
W U Q D W I S W N S B N F D
T M L H A Q L I D E N V E N
J B L R U Y H I D U D T U U
T D Q I D S L B T E A R I O
G A R O I E U E T R W T A R
H M B F N R A N B S E A B G
O P O N R N E E O W I F L S
K E A O G M T F R O H O O K
E S W R G R L I O S C N M I
G T A E E J G C O M P O S T
G S S V S G N I T S A C C Y
S T N A L P F A R M I N G U
D I G E Y M I L S Y G S A T
```

Spring

```
R A I N P P S L G Y M G T W
L E A V E S E A S O N H M A
B C B L O O M G R E E N T R
T H G I R B B S B L U B U M
A L L E R B M U E V I L A B
L A R F S T E T D L I R P A
L M E W U H H A S D D Y Q B
E B T I N U O R C H I D S T
R S S N N Z E O C H E F N U
G B A D Y W T L T R E L G P
I E F E Y O Y E E E S I S A
E R E H T A E W K P K S R D
S E S V N M O T S C J W L O
P S N E L L O P I G A G E R
A H U E F I L H Y K G J N M
U Z V G Z R C S E T L E M Z
```

Chinese Food

```
F T Y D B R O C C O L I D T
P O U N O E G G R O L L N E
N M R O T O R R A C T A I S
E N I T E F F U B F R E P E
K C I C R U K L F R U G R A
C I E E A H N A I A W I E N
I E M N C T S E T N N N N D
H W I R T D S C G O G N A E
C O E E H E K R O P E I E X
N H M P R O O D O O R D X C
U C O A W L L S N U K Z W
L I L P L E M A S E S I R B
D A L A S E L B A T E G E V
B E E F D U M P L I N G S M
C S N O W P E A S I A N S S
P U O S P I C Y S A U C E S
```

Noisemakers

```
E T A B E D L K S A U C T R
Y T R A P G A A L Q I J E A
K R A B M Z N A V F U T E D
R E T S O O R I F I T E N I
F C G O F M T A T A T E A O
R N N P S S R O H U I S G L
E O I S E T E C R G O Y E B
E C G G K O T N H S V H R F
W V N P H R P B I R D S S C
A I H M T O L R H G O D T
Y C S O U R C W E O C A R H
B U N N S Q I L E F O A U U
A U A E I K L H U R X K M N
B M F H C A E L E B I C E D
H R E M M A H K C A J F V E
N E R D L I H C H O R N R R
```

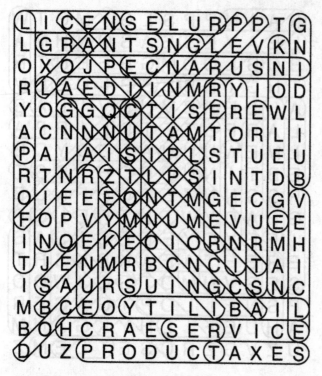

Starting a Business

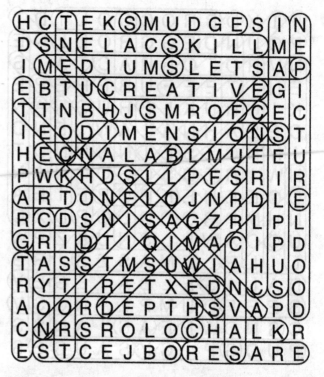

A Strong Wind

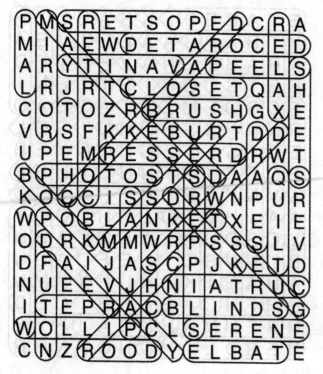

In Your Room

Drawing and Coloring

314

Fancy Things

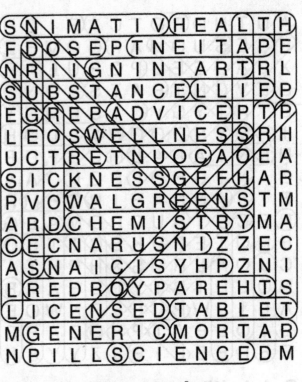

See the Pharmacist

A Visit to Fairyland

Bank Account

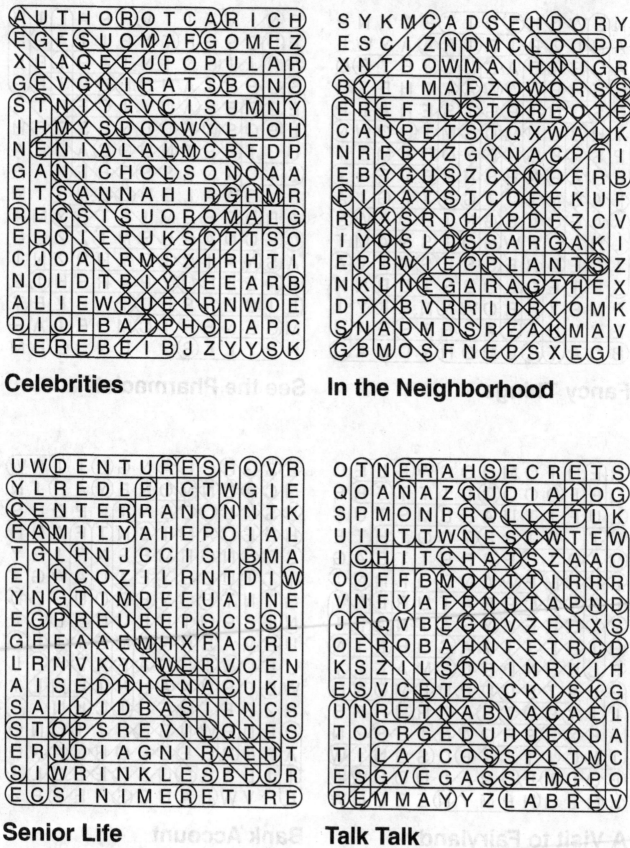

Celebrities

In the Neighborhood

Senior Life

Talk Talk

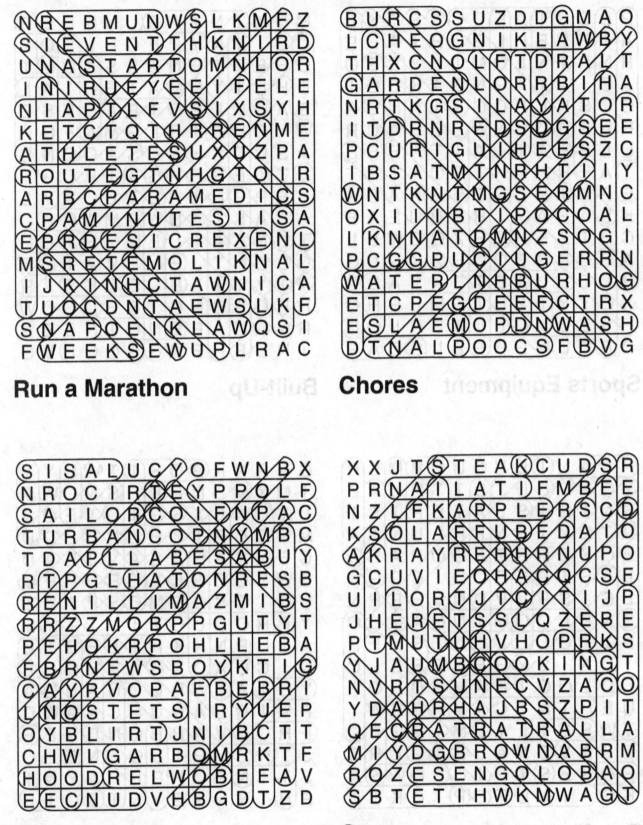

Run a Marathon

Chores

Wearing Hats

Saucy

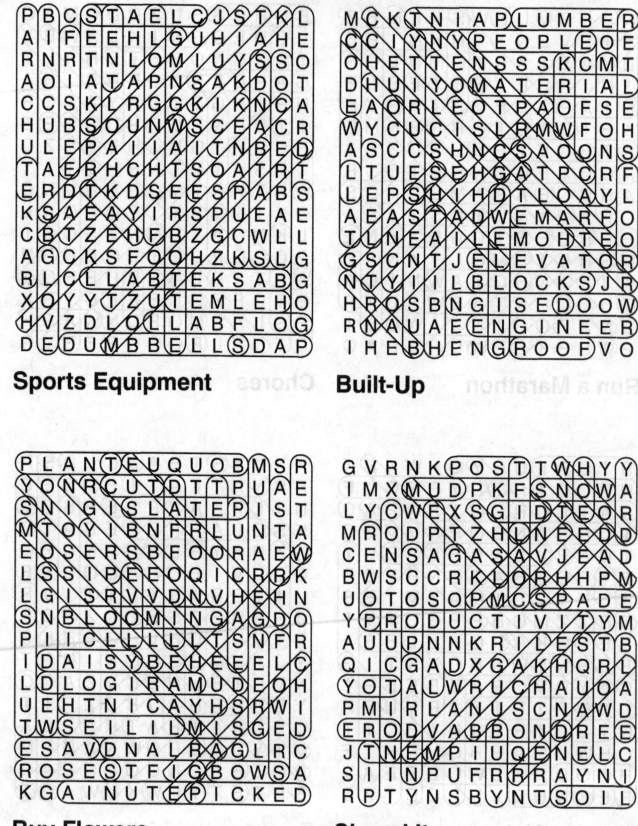

Sports Equipment

Built-Up

Buy Flowers

Shovel It

Mind Your Manners

```
E L T B U S L A E M L F F M
U Q O H S O P O L I S H A G
R T U N U T C E R R O C L N J
R E E M Y I O T I P P I N G
I U Y B L A S N H V T V I O
V E D L E L P N D A A I L L
G S G E D N I K E U N C S U
G N N O Y N A P M O C K Y F
R O I V A H E B Y D I T S T
A U T M A C T I O N S M Z C
C E E F R S S E R D D A A A
I S E S I A R P T F H R H T
O I R M T G H E S A E L P S
U O G U G R A C E F U L B X
S P R O P E R M U R O C E D
T N F O R M A L G S W E E T
```

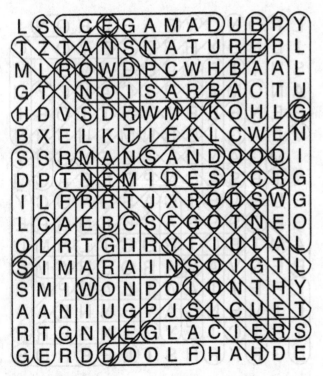

Eroding

```
L S I C E G A M A D U B P Y
T Z T A N S N A T U R E P L
M I R O W D P C W H B A A L
G T I N O I S A R B A C T U
H D V S D R W M L K O H L G
B X E L K T I E K L C W E N
S S R M A N S A N D O O D I
D P T N E M I D E S L C R G
I L F R R T J X R O D S W G
L C A E B C S F G O T N E O
O L R T G H R Y F I U L A L
S I M A R A I N S O I G T L
S M I W O N P O L O N T H Y
A A N I U G P J S L C U E T
R T G N N E G L A C I E R S
G E R D D O O L F H A H D E
```

Expensive Gifts

```
C H T H C A Y K E N I W T P
J J W E J G P J F N X X O U
S S E N I S U B L E E O T M
S E L F F U R T O C L P W J
Q P U R S E W D W K O I G U Z
O P A Q H I L M E L R A N Z
C C A T I A L T R A E N I F
T H A I R T M K S C T O R J
E E O E N M N P N E U C A E
L F M C N T A A P H P I R T
B E D L O G I D N O M A I D
A R S D V L O N I R O S E S
T R N T P I A L G S C V B O
B A Q P A F L T O E N O H P
L R A W B T E L E C A R B D
J I H O U S E W A T C H M N
```

Court of Law

```
L E G A L L E R Y E G D U J
E Y E N R O T T A E I H U S
V L M T G N I D I S E R P E
A I T O R R J E P N Y F R O
G V I V E T O U I U W E G I O T
N I S H S R T A S F V L S E
I C T T Y E T H F E I E E N
R U I L F E F R F D N S C U
A C M A A L F L U D D U I T
E V O R N I I A C O I M E E
H E N E A E T T I D U C M E
C R Y D O S N R N B A O S A
N D I E P O I T A T T N A N
E I D F B H A R H P E S C N
B C W U U H L A N I M R C
E T A T S A P P E A L I D E
```

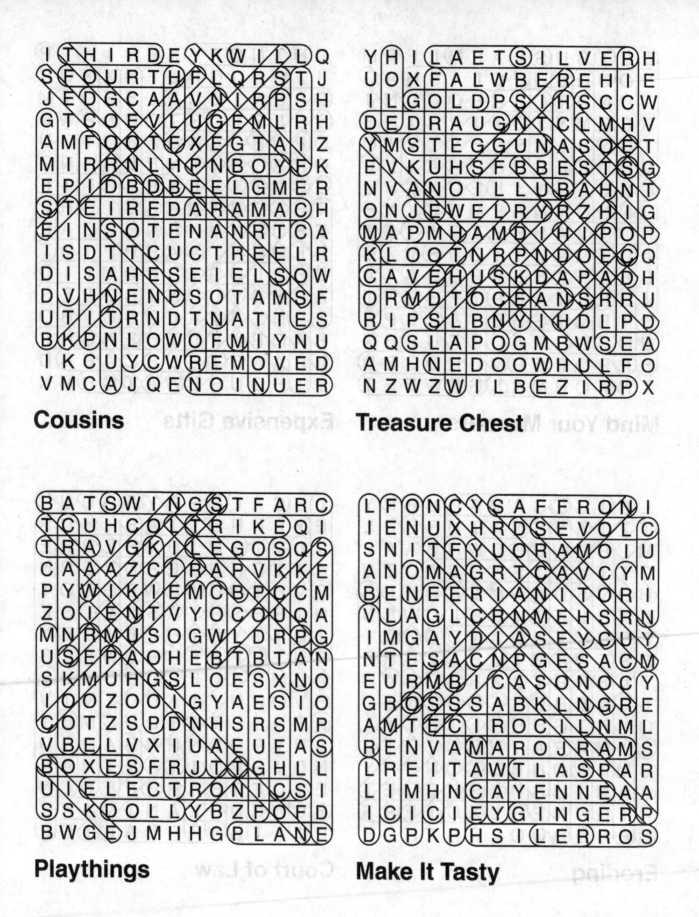

Cousins

Treasure Chest

Playthings

Make It Tasty

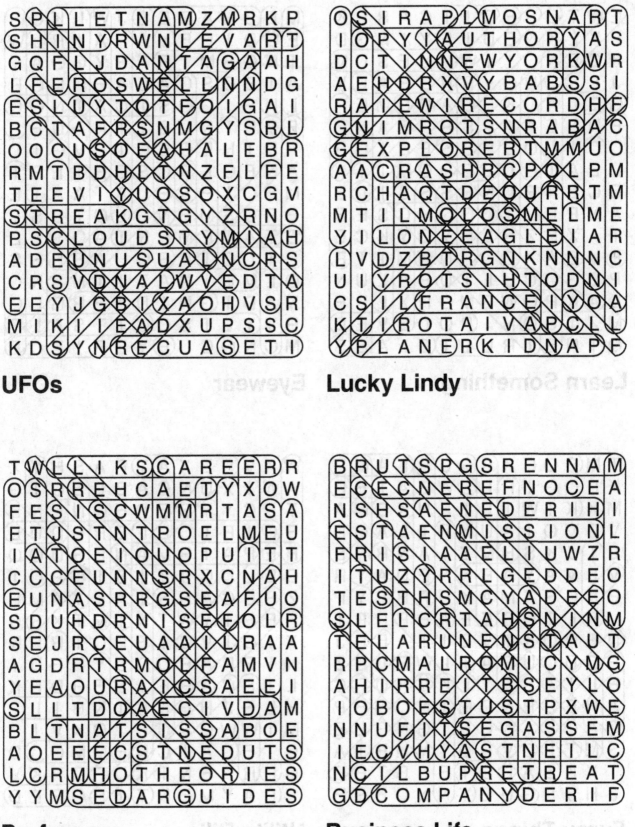

UFOs

Lucky Lindy

Professors

Business Life

Learn Something

```
E W T G S E C I T C A R P K
F X L K N E D I F Y I N G D
X C E N O I I W M U E S U M
J L J R H O V R R E P A P K
G B L A C K B O A R D M E H
E N N E A I S S R R E A N C
D D I L O S S S S P B I C R
U E A T C L L E D O M I I A
C C L H F I N F S S I L E S
A N P E V I L O O H C S E S
T A X S Z R L R Y O Y K C E
E V E A X D D P N W M I T R
P D G U C U L T U R A L U N
D A K R O W E M O H X L R E
M Z I U Q N I P O L E V E D
Q I N S T R U C T C L A S S
```

Learn Something

Eyewear

```
M E S H A D E S J W L K C S
E G D I R B Y A P A I R L W
T N O S M I R F R Y G O A E
A I B G S C A E A F H U C R
L H F I G O S T C A T N O C
F Y B T N L S Y T R A D F S
R D I H E O E G I E V G I L
A N F G L R C S C R I A R T
M E O I P S E U A T A A T E
E R C S M B N C L Q T S S L
S T A T E M E N T A O S E E
P I L O T P S Q U A R E S S
Q L M U I N A T I T N S N C
N A D T G N I D A E R G E O
R V Y L T S O C I T S A L P
M O N O C L E Y E P I E C E
```

Eyewear

Fuzzy Things

```
T M S O C K S G U R L A M B
K P Q G I R F S W E A T E R
M X K I W I F T E H K B M A
V D M Q I A U X P T L A O E
L T J K S H M Z A A N R R B
V L V A Y A R N N E U A Y R
B E G S X M A K D F B F Y P
V F L T G S E E A B P R P I
N F R O K T V C I I A B P J
F O D C U E A T L W R L U Z
R L I A S R T L K L A O P C
A H E S P N O M I N O O B P
C A O E I W C B T G N G L E
S M T L C V R D T Y H R I A
T X K S A E D I E C B T B C
J H J S G U E Y N N U B S H
```

Fuzzy Things

Utility Bills

```
W K V S E X A T R A S H Y Z
A W I X U N C A B L E G T G
T E C Y Y S E P H O N E N B
E C I R T C E L E R E D U E
R E P A I R M A N E R D O Q
G E L U C J Z I S T G P C T
Z S C C A H S T A E Y A M U
H E E I Y W T N T M T X S S
X I G T V C I E E C I R P N
N T F R A R D D L Y R E U I
L I S C A R E I L E R D B K
H L E J H H R S I N B I L L
M I W W C E C E T O K V I P
C T E L A I C R E M M O C D
C U R R E N T K U F Q R K V
F P A Y M E N T I S O P E D
```

Utility Bills

Tropical Paradise

```
H I K I N G L I Z A R B T W
S T U N O C O C I T O X E S
H W B B O R A B O R A P O T
A D E I T O U R I S M D H R
M N A E T R O P I C A L X O
M A C L X I A A A B U R A S
O L H E X C H R R E B R T E
C S E V I D L A M P A E H R
K I S A B K B D T A B A A E
Y B M R H I B I S C U S I N
A A E T I I U S W S C Y L I
J H W R I S W E P E Y G A T
A A F A M V A C A T I O N Y
L M W I T U B I K I N I D X
U A W J J E D U T A U N A V
H S B A L I G A N T I G U A
```

Going to the Prom

```
W S E N V C W S Q R E R L B
Z R E W O L F F E U I U O O
W D L I G H T S I A E N V U
S E N O R E P A H C E E E T
T O F U C O U P L E S T N O
H E T R B R M U T T A A U N
E L X O U R O E M D R K E N
M O M P H C E M M U E I O I
E I J N E P C M A D A N C E
L G L E S N J T M N T G I R
P C A G W U S U Q C S Z E N
U A M S N E S I X I C E Q N
N D R I R I L E V H A N S I
C R O T C O D R O B O I O I
H R F U Y O C O Y D O O F D
P S A T A B L E S S E R D O
```

Electrical World

```
D D L E I F F R O T O M A W
X V T I C U R R E N T E O E
R C E L N R Y T I L I T U N
T I O D O E U H S U U E T I
O T L U I V S O C U C R L G
U A H G L S C B S T R A E N
T T E G U O O I A E I G T E
A S A G I L M N T T C W E N
G P T B A L P B N E T O S E
E O P U I T U E G E N E S R
S W E L E C T R O N S G R G
H E I B I O E A G E A U A Y
O R P R P A R C W I C O O M
C O R D E I N D U S T R Y H
K O C O N D U C T I O N O W
A Z R O T S I S E R P M A F
```

Cat Care

```
B E D J M L H S I D S Y O T
A K N G V L R E K O R T S B
T D H O N I G L E A S H H R
H R O A O I C Z B A C E U S
E R E P I T Y N I M O B L S
G E T T T R G A P L G X T H
L F A E C I B O L N I A E O
L G R V E T O A I P E M R T
C I C P F S R N L R D E H S
U A N M F O I I T L C D U W
E R T E A A O C M A F I N O
S S E N R A H D R M G C H C
C P U T I S P R L E I I I D
O A H O U P I T Z W X N N D
O Y H H M E K I B B L E G M
P W S T R I N G W A T E R T
```

Paperwork

Warm Clothes

Puzzle Fun

Smart Things

324

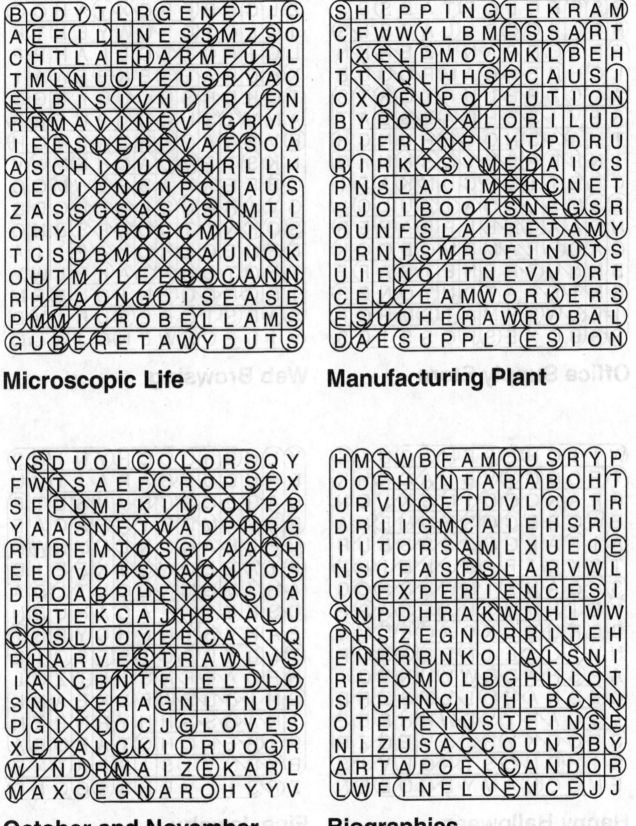

Microscopic Life

Manufacturing Plant

October and November

Biographies

Office Supply Store

```
R S R E D L O F T A B S S J
R E I P O C D L L A B E L S
E P A O R G A N I Z E R K N
L O H R E K R A M P O O D E
A L C Z R E L U R T O R T S
S E V I S E H D A B B E A T
T V A A S H O L E P U N C H
I N R E P B U T Q S K N K G
C E E T I C O C U N K A S I
S S M S L N O A I E U L G L
N C A A C M E L P P A P E R
O A C P P A M E M O B O O K
B N N U S R E N E T S A F F
B N T E P A T D N T O N E R
I E L W S P M A T S M R O F
R R B O X E S R O S S I C S
```

Web Browsing

```
Z L C B B P R O X Y A H O O
J Q L C I D R O W Y E K T K
L C I P O T F C L L A H P F
X H C R A E S E K B E W A I
T Q K D R S G O O G L E G D
A M V I S U C O M P U T E R
B V F N A O K R O W E M O H
L K S T F M C A C H E M W V
O B E E A P A B P E W M O C
G V I R R S S L M P E O D Q
S O K N I T U O W P S B N Q
E P O E G I R O Y A F I I A
T E O T G H F T A K R L W V
I R C R C Q E N I G N E F M
S A D S T O R E S U R I V D
V I D E O S W E N G J W L O
```

Happy Halloween

```
W I T C H E S E M A G U I S
T F O G G Y V B L A C K H K
R P A K O O D I M S K L C N
E W Q R B C O S T U M E N A
A I S A L G O D S S S B U R
T C K D I F F B I K E I P P
S K C A N S I M W E S F C C
Y E I N M U T U A E S A S P
D D R D E L K C A C B C M S
N V T C S E I R E E A S O P
A P S H A D O W Y U N B O I
C E G N A R O L L T S Z R D
L S C A R Y V D W H H B B E
S P O O K Y R I J V E G Z R
S I H G H O S T N G E V I S
E M O O N A M Y E G O B E N
```

Fine Jewelry

```
Y L H B R O O C H Y N I H S
B R U D U F B A R A I T C U
U A G L O S C R V N S E T P
R E M A M D R I A E A C A E
M P L R A N O N L C M N W N
F Y A E L O W G J K E E I D
A H J M G M N Q O L T L D A
C S E E T A R A C A H U E N
E A H V B I N E H C Y P S T
T L D E D D U T S E S O I E
H F D A E F N S I L T Z G L
G N I D D E W E L K E A N K
I N A G S S H H Y R N E N N
R J R E K O H C T A R O R A
B Y R O V I S I S P A T N B
Z P S I L V E R S S G O L D
```

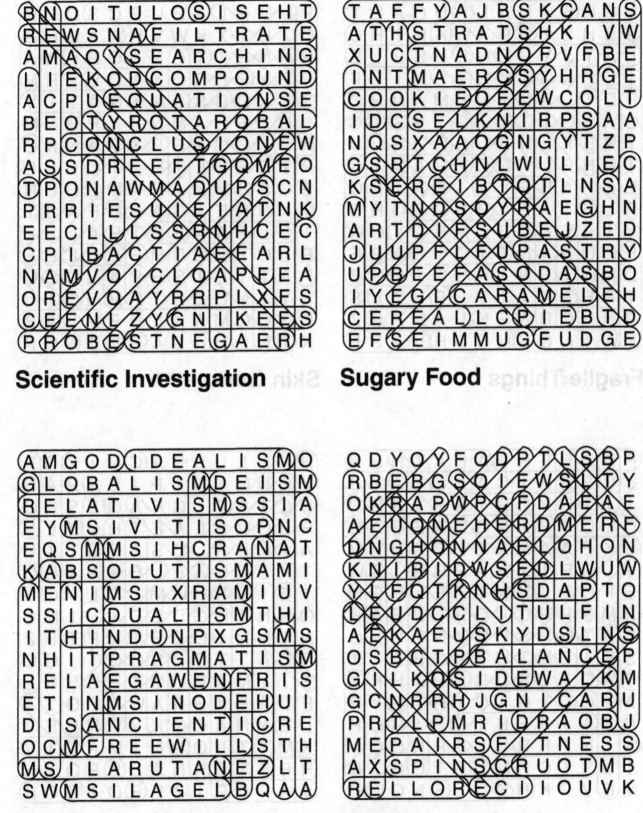

Scientific Investigation

Sugary Food

Being Philosophical

Skating

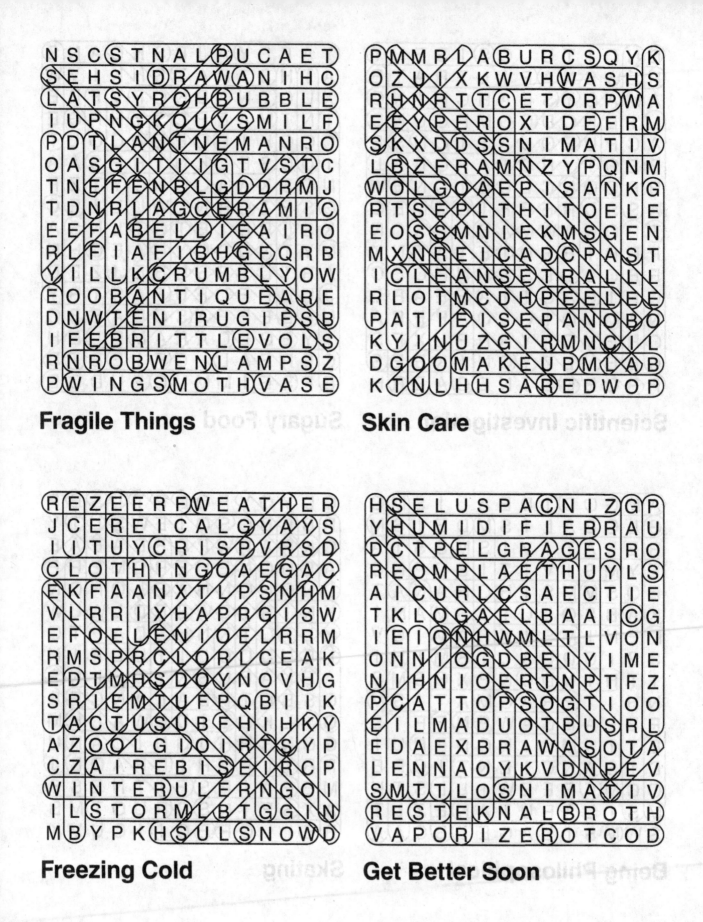

Fragile Things

Skin Care

Freezing Cold

Get Better Soon

Take a Shower

```
B U R C S H S U R B A T H E
E P E O F S H S A W H R Y J
Y C T A Z P O O D R I P G X
D U A E V A H S T N Z T I W
D N W F K P R E S S U R E H
A E R U T A R E P M E T N W
C L G F R E S H E N U P E S
U R D L O C H T O L C X L I
R E F R E S H I N G F O V N
T H M R A W T S M O T R A G
A T R E V I T A L I Z E P S
I A Y Q D E N I O E L L O P
N L D N A G A N V C G A R V
N U O M W T E C U A F X I H
H C B U E R U T S I O M A P
R Q L H W F X H M K P N H U
```

At the Bar

```
I D J P G N Y H P R E E B R
X L T G O M W O H R T U A V
Q B O E N E R G Y T P K N E
V B N U L I K S C R O W D Y
F P F M E A C I S V E O H K
O A M G B O U N C E R L B W
O H S I N R A G A J V O A X
D C E K X V T L H D T E O X
B X S Z N E V E H T F B N E
A J S I X I R S L J E F I T
T S A E D D R E M K L R G H
F L L D N O S D U I A I H D
A O G I U I Y J G B T E T U O
R O U Q I L L H S U E N A O L
D T B R H Y T H M L O D E L
E S P I T S P S O C I S U M
```

About Computers

```
Z H A W S E A R C H P E K T
N J T C O P Y F D K R S D I
F Q A E F E Z I S O P S T D
I D D Y T Z R E T R I E V E
E I P R W V C S O G A C M R
V S T A A U U G M A C C R A
A C X N R A R S E N D A E H
S D E I E A R C H I V E C S
R W T B M X T D O Z R P O K
E Y O O U C O E H E W O R D
D T O D E W L A T I G I D U
L A F T N E M U C O D Z S N
O U O L T I P E V I R D A D
F R O Y E M W K Y R O M E M
P A B J O D E B O P E N X N
D B A C K U P I Z N O U Y X
```

Heaven

```
T G Z X S Y Y R W U D I H D
T H D U O L C F O S U S E J H
H G Q U O T A R B M E R C Y K
G I L H R T S G E L I J A H S
I L Y K H H O P S E E D R C A
G E F I L S P R N D S G A C R
A R P D N H A O A L S S R E
T O E S O G C S Z I H O E E
E N Y U O H D S C A S E F D
S K S U N G F O R E V E R A
S E A A J I Y M V O N A E E
I P V N I H O F L I W D E D
L P I F G N J N A E C A E P
B M O R Y E T Z R I O H C M
C O R K I H L S V Q T W W P
E N O R H T H I Z A R H W P
```

```
D F V M E T A L E P E R T S
L I M S R E K A E P S C L G
O E O C I N L A N L A E C N
H L N I C K E L O R E U W I
C D H S X E D A T T R S A L
R I F Y E V R T S R E E N I
A J H H C I A P E Y T F E F
B E T P N T C N D G I U G E
H T G P E I T L O R S L A R
R I N V I S I B L E O I T R
K R E Q C O D R S N P R I O
A R R B S P E T Q E P O V U
V E T M I C R O P H O N E S
C F S E R O C O M P A S S Y
L M J O N L L U P R H J X O
J X V G D E M C K A I Y T T
```

Magnetic

Stock Exchange

Stuff

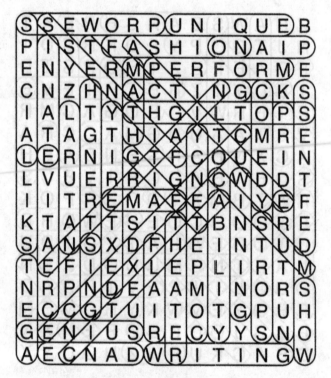

You Are Talented

Bookshop

```
C M Y S T E R Y E R N E G C
S F R R S E V L E H S O N L
E I A O D R E I H S A C I E
I C R M N A U T H O R G N R
V T E A R E M O T S U C G K
O I T N J S R I A H C O I E
M O I C B R M D A E R F S M
A N L E C I P U L P B F R I R
G P Y R E V O C S I D E E R
A L A N G U A G E I H E T C
Z P G N I S W O R B C C I D
I B R N S C I S S A L C R R
N O T O J Y R T E O P X W A
E O G V F R E L L I R H T M
S K S E D I F A N T A S Y A
F S E L B A T S K C A N S C
```

Bookshop

Orthodontist

```
E S T O O R W S L C A J T I
C Q D V H S E A D D A I M F
P A I N E C R N J F A P C F
R M E T A L U U I V L F S S
G D A R D B S X O A Q Y E N
N L B T G T S M N B T R X R
P S N E E T E T B D A E T U
E S G N A R R N R L O G R Z
R A R E R U P T I O N R A R
I L E R E T L A D M A U C P
W I S D O M U G G E A S T S
N G U L S I L V E R V X T M
U N L I M P A C T E D I E I
M I T H T U O M N W O R C L
B A S C I T S A L E T I B E
E R C E R X N Q K S G E A M
```

Orthodontist

Wristwatch

```
L A T E M R A L A T C H B B
G O L A N A C N O I H S A F
Q U A R T Z H R M I N U T E
H H V E L D C T Y E M I T W
O C P K W E T L L S R A E G
U I E A O S A V I A T O R S
R N G M R I W T R G W A Y E
D O N H K G P N H O H J L C
N R I C M N O L U E L T F O
I T T A E T N A M R E E N
W C T A N R S L O T B D X D
E E W S M O O L R I E H C
C L S D H N S D N A H G R L
A E L B I T C E L L O C I S
F O O R P R E T A W B A N D
G S S R I A P E R E V L I S
```

Wristwatch

Making Beer

```
K Z N G H C T A B I T T E R
Y R O V A L F H N Z I L E H
R R E C I P E O S K A B A K
T E E W S S I M W Z M M B J
W J G R I S T E A A O A O J
A L G A U F R M D R A F T Z
T T A F L B S A A Y A T O O
E N N D E Z I D I X O C L Z
R I S E J B S E M Y Z N E G
D A E M M A D Z T A E H B E
H R G B E R E P P O C A S K
Q G S U E L E T S A T G S E
T U O T S E L F R D G R K T
W R L P Q Y A I U P O L A A
L I Q U I D S P O H S A M T
F N Z I H D B T S B N F R A
```

Making Beer

S C L D P Q U J M G Z L L Q
S L V I P O K E R E G A W H
K P I E L B U O D E L A H W
I W I M S I G A M E W C S I
L E C H O U F N I L L A P E
L A X A C U I E I N L E R Q
K L F P R I S T S D T T I D
C T E S E D R I E T N T Z B
A H B P D N S Q N S Y E E U
J U G A I B S U U E L L P Y
K F O R T U N E U Y Y U E S
C J A C K P O T S E J O C E
A C A D B E T T I N G R X K
L A N O I S S E F O R P E A
B S H X T C A J P M O C Q T
I H O Y O S E R I S K Q T S

High Rollers

I T I P S B R A T R A T D V
F R E S H C A E L B G Y R I B
W I S D O M B C T C G A R U
G T S I T N E D T H S C L S
E U B E D I X O R E P E L H
L E M A N E W T I W R D G H
I I T S K S U T H I I I P S
M Q H N H I I G I N N R A I
S M Y Y E V N T N G S O S L
E I G C A N E G I O E U T O
E R I C L E A V S V T L E P
C R E Y T N I M U O E F L N
A O N H H T A E R B D A B W
R R E N I A T E R E Q A G O
B R I S T L E S F U P D E R
R E T A W H I T E N A E L C

Brush Your Teeth

T T A B L Y U M M I E S T A
S S S N U O N C P F U O S S
E F E E G S W O F C Q D E M
G X L I D R I E I I U V L A
N U I A G H N I E S S A S R
U O P R E T T I E S T I M A T
O Y O D G N T E L K S T N E M E
L L U E T T S E A G T T L S S
F L L S L T S E R E V E L C T
A E T E H S E I I H S I T S
T S E T T E W B R N S S E N N
T T S E I P P A H O U T S N I
E O S H A R P E S T H F I H
S T S E I H C T I L N S W H
T T S E T S A F B I G G E S T

Superlatives

E Z B E R U T I N R U F K U
S L S D N I W D O O W Y L P
U T W S T T P O R C H A I R
O S O O A O B O O K C A S E
H T Q O B T E R A I L I N G
P A D D L E D A E N J Y P B
S I G N L M P T O G R I O D
Y R T T A P O I N H N A R N
O S E V B O S U A O T U B U
T J N S E L T G C R M B L O R
K C I T S E L C I S P O P R G
F L B A A E H S T E W X R G
L O A N B I R I E C N E F Y A
E C C D O K C D C H E S T A L
H K D E S K H G I E L S G L
S R E T S A O C F R A M E P

Wooden Things

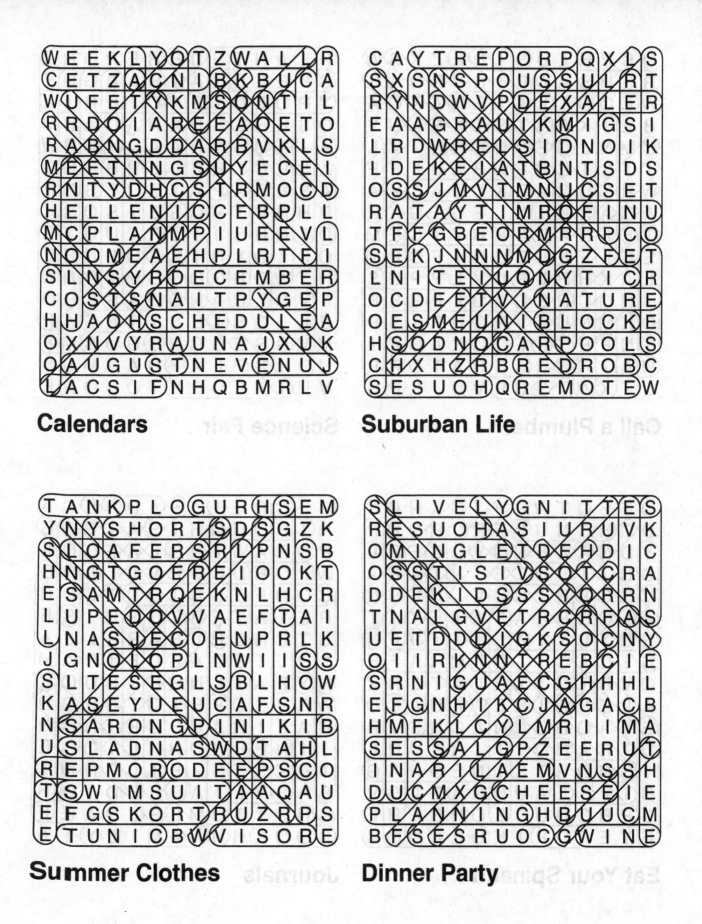

Calendars

Suburban Life

Summer Clothes

Dinner Party

Call a Plumber

Eat Your Spinach

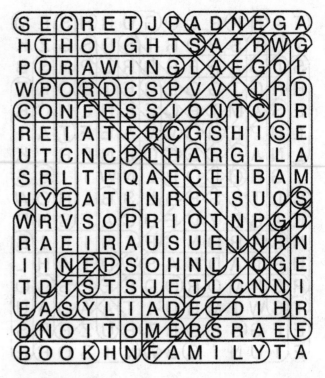

Science Fair

Journals

Fashion Designer

Administrative Assistant

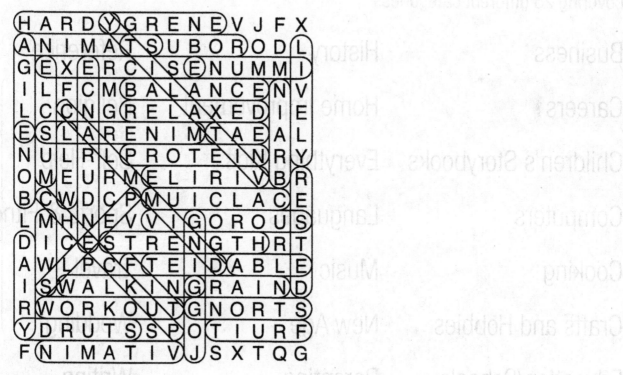

Good Health

We Have
EVERYTHING
on Anything!

With more than 19 million copies sold, **the Everything® series** has become one of America's favorite resources for solving problems, learning new skills, and organizing lives. Our brand is not only recognizable—it's also welcomed.

The series is a hand-in-hand partner for people who are ready to tackle new subjects—like you!

For more information on the Everything® series, please visit *www.adamsmedia.com*.

The Everything® list spans a wide range of subjects, with more than 500 titles covering 25 different categories:

Business	History	Reference
Careers	Home Improvement	Religion
Children's Storybooks	Everything Kids	Self-Help
Computers	Languages	Sports & Fitness
Cooking	Music	Travel
Crafts and Hobbies	New Age	Wedding
Education/Schools	Parenting	Writing
Games and Puzzles	Personal Finance	
Health	Pets	